中等职业教育课程改革创新教材

中职生入学教育教程

主　编　方　霞　江　淹　姚　锋
副主编　李昔辉　王鹏飞　王　美
　　　　胡湘毅　黄　乾　余燕艳
　　　　吴　漫　张胜波　姚维君

中国传媒大学 出版社
·北京·

图书在版编目（CIP）数据

中职生入学教育教程 / 方霞, 江淹, 姚锋主编. -- 北京：中国传媒大学出版社, 2024.2
ISBN 978-7-5657-3567-7

Ⅰ.①中… Ⅱ.①方… ②江… ③姚… Ⅲ.①入学教育—中等专业学校—教材 Ⅳ.①G718.3

中国国家版本馆CIP数据核字(2024)第022690号

中职生入学教育教程
ZHONGZHISHENG RUXUE JIAOYU JIAOCHENG

主　　编	方　霞　江　淹　姚　锋
策划编辑	温晓芳
责任编辑	温晓芳
封面设计	杨　楠
责任印制	李志鹏
出版发行	**中国传媒大学**出版社
社　　址	北京市朝阳区定福庄东街1号　邮　编　100024
电　　话	86-10-65450528　65450532　传　真　65779405
网　　址	http://cucp.cuc.edu.cn
经　　销	全国新华书店
印　　刷	清淞永业（天津）印刷有限公司
开　　本	787mm×1092mm　1/16
印　　张	9.75
字　　数	126千字
版　　次	2024年2月第1版
印　　次	2024年2月第1次印刷
书　　号	ISBN 978-7-5657-3567-7/G · 3567　定　价　39.80元

本社法律顾问：北京嘉润律师事务所　郭建平

前言

党的二十大报告指出,教育、科技、人才是全面建设社会主义现代化国家的基础性、战略性支撑。必须坚持科技是第一生产力、人才是第一资源、创新是第一动力,深入实施科教兴国战略、人才强国战略、创新驱动发展战略,开辟发展新领域新赛道,不断塑造发展新动能新优势。

思想是行动的先导,理论是实践的指南。金秋时节,来自全国各地的新生踏入中职校门,迎接崭新的校园生活。但是,昨天还是初中毕业生的他们,也许还很难一下子转变,难以从思想上、心理上、学习方法上、生活方式上适应新的学习和生活。因此,帮助和指导新生尽快且更好地适应中职生活,使其顺利地迈出第一步,是非常有必要的。

对于每一位刚刚步入中等职业学校的学生而言,需要了解中职生活的方方面面,从而尽快融入新生活,早日成才。因此,为适应中等职业学校学生的入学需要,满足社会对职业学校学生的要求,紧密结合现代社会对人才的新要求,根据职业学校的教学特点,我们编写了本书。

本书共十课,分别为"开启人生新起点""自学、自立、自律""厚植爱国情怀""遵国法、守校规""关注校园安全""身心健康管理""劳动创造价值""增强文化自信""提升人际交往能力""规划职业生涯与人生"。本书既可作为中职学校学生入学教育的指导教材,也可作为班主任、学生管理工作者的参考用书。

本书在编写过程中参考了大量资料,在此对相关作者表示衷心的感谢!由于编者水平有限,书中难免存在疏漏之处,恳请广大读者给予批评指正。

编 者

目录

第一课　开启人生新起点 / 1
  第一节　新舞台、新挑战 / 2
  第二节　入学军事训练 / 6

第二课　自学、自立、自律 / 15
  第一节　中职阶段的学习特点与学习方法 / 16
  第二节　养成良好习惯 / 20
  第三节　自律及自我效能感 / 23

第三课　厚植爱国情怀 / 31
  第一节　践行社会主义核心价值观 / 33
  第二节　"五育"并举、立德树人 / 37

第四课　遵国法、守校规 / 43
  第一节　尊重法律权威，提升法制素养 / 44
  第二节　遵守校规校纪，提高自我约束能力 / 46

第五课　关注校园安全 / 55

第一节　珍爱生命 / 56

第二节　预防网络诈骗 / 61

第三节　抵制校园霸凌 / 64

第六课　身心健康管理 / 71

第一节　自我认知、自我塑造 / 72

第二节　拥有健康体魄 / 73

第三节　打造阳光心态 / 77

第七课　劳动创造价值 / 91

第一节　树立正确的劳动价值观 / 92

第二节　劳动精神、工匠精神 / 94

第三节　劳模榜样力量 / 97

第八课　增强文化自信 / 103

第一节　中华优秀传统文化 / 104

第二节　我国改革开放取得的伟大成就 / 107

第九课 提升人际交往能力 / 115

  第一节 沟通与交流 / 116

  第二节 诚信与感恩 / 122

第十课 规划职业生涯与人生 / 129

  第一节 生涯与职业生涯 / 130

  第二节 拟定职业目标 / 135

  第三节 培养终身学习理念 / 140

参考文献 / 147

第一课

开启人生新起点

 **开课导读**

  中等职业教育是以培养具有较强的实践能力，面向生产、服务和管理一线职业岗位的实用型、技能型专门人才为目的的职业技术教育，是职业技术教育的初级阶段。对于每一位刚刚步入中等职业学校的学生来说，了解中职生活的方方面面，尽快融入新的学校生活是其首要任务。

 **思政小课堂**

  以党的二十大精神为指引，创新教育形式，开展主题鲜明、内容丰富的新生入学专题教育，可切实帮助新生适应新环境的学习与生活，坚定理想信念、秉持家国情怀、锤炼意志品质。新的阶段开启新的征程，新的时代承载新的梦想，学生要在民族复兴的征程中激扬青春，为实现中华民族伟大复兴的中国梦而努力奋斗。

第一节　新舞台、新挑战

一、新的舞台

（一）中等职业技术学校概述

  随着时代的不断发展，职业教育越来越受重视。中等职业技术学校在对学生进行基础教育的基础上，注重学生的实际能力与职业素养的培养，旨在为社会培养一批具有现代职业素养的技能型人才。

  中等职业技术学校的课程设置主要包括理论课程和实践课程两部分。在理论课程方面，学生将接受与其职业有关的基础理论知识。在实践课程方面，学生将通过实际操作，掌握其职业所需的多种技能。这种课程设置可以帮助学生在毕业后胜任其工作，有一定的职业发展空间。

中等职业技术学校的办学特点不仅在于其职业化的教学内容，还在于其培养方式。它是以职业为导向、以人才培养为目标，充分考虑学生的个性发展和职业兴趣，注重培养学生的职业素质、实践能力、创新能力和终身学习能力，培养全面发展而不是片面发展的职业人才。

总之，中等职业技术学校在当前的职业教育体系中占有举足轻重的地位。它注重与职业市场的紧密结合，以企业需求为导向，注重学生实际操作能力的培养，致力于为社会培养一批带有强烈职业意识和职业素质的技能型人才，对于促进国家经济发展和社会进步起到了积极的推动作用。

（二）中职学校与普通高中的区别

中职学校与普通高中有着明显的区别。它们的起源、职能、实施机构不同，培养目标、培养方式、专业与课程设置也不同。中职学校侧重实用性技能的训练，而普通高中则偏重学术性知识的传授。

1. 培养目标不同

中职学校主要培养既具有专业知识，又具有专业技能，能够进行技术指导并将设计图纸转化为所需实物，能够运用设计理念进行现场指挥的技术人才。而普通高中主要培养的是研究型人才、探索型人才及设计型人才。

2. 培养方式不同

中职学校着眼于培养学生在实际岗位上所需的动手能力，强调理论与实践并重，因此将技能训练放在极其重要的位置，讲究做中学，倡导以知识够用为原则，缺什么就补什么，实践教学所占的比例特别大。这样带来的直接效果是，与普通高中相比，中职学校所培养的学生，在毕业后所从事的工作同其所受的职业教育的专业往往是对口的，他们有较好的岗位心理准备和技术准备，因而能迅速地适应多种工作要求，为企业或单位带来经济效益。而普通高中则以理论教学为主，虽说也有实验等联系实际的环节，但更多的是为了更好地学习、掌握理论知识，着眼于理论知识的理解与传授。

3. 专业与课程设置不同

在专业设置及课程设置上，中职学校是以职业岗位能力需求或能力要素为核心来设计的，而普通高中则是根据学科知识体系的内部逻辑来严格设定的。就中职学校的专业而言，可以说社会上有多少种职业就有多少个专业；就中职学校的课程设置而言，也是通过对职业岗位的分析，确定每种职业岗位所需的能力或素质体系，再来设置与之相对应的课程体系。

二、新的挑战

（一）环境方面

中职生入校后，生活环境会发生很大的变化，很多学生一开始并不能适应。虽然随着时间的推移，这种不适应感会逐渐减轻，但是积极主动地去适应环境，可以帮助学生更快、更好地投入新的学习生活。有助于尽快适应环境的方法有：多请教老师、高年级学生，向他们了解学校的布局、作息时间、基本要求等；多走多看，亲身感受新环境；尽快进入角色，按照中职生的标准要求自己。

（二）思想方面

新生刚入学时，最需要克服的思想倾向有两种：一种是过分松弛，不求上进；另一种是嫌弃自己所学专业，蹉跎岁月。

拼搏之后，适当地休息和调整是必要的。"一张一弛，文武之道"，有松有紧才有节奏，而良好的节奏又是正常生活和"长效动力"的保证。但是，如果进入一个新阶段后，便彻底放松，不思进取，则是非常不可取的行为。例如，有的新生成功入学后，就放松了对自己的要求，只求及格过关，往往会导致留级或退学等严重后果。

新生都有自己的理想和志向，希望所学能遂所愿，但实际上并非都能诸事如意。当第一志愿没被录取时，不应垂头丧气，而应正视现实，在现实中萌生新的追求。对于专业或职业，只是社会分工不同，并无高低贵贱之别。构筑社会这座"大厦"，需要各种专业人才，如果大家都追求热门专业，那么这座"大厦"就难以建成。因此，学生切不可因所学非所愿而自寻烦恼，蹉跎岁月。至于院校之区别，并不是个人能否成才的决定性因素，决定一个人能否成才的关键在于自己。况且将来还可以通过继续接受教育而转换专业，进一步提升自我。

（三）学习方面

中职与初中相比，在学习上发生了一系列变化：知识量大了、课程多了、活动多了、要求高了等等。想要适应新的学习，就要做好二者的衔接。

1. 新旧知识上的衔接

中职生要在课前做好预习，积极主动地学习新知识。当遇到与旧知识相关的内容时，要主动复习。

2. 学习习惯上的衔接

学习习惯是在学习过程中经过反复练习，形成的一种个体需要的自动化学习行为模式。良好的学习习惯有利于激发学生学习的积极性；有利于形成学习策略，提高学生的学习效率；有利于培养学生的自主学习能力；有利于培养学生的创新精神和创造能力,使学生终身受益。

3. 学习方法上的衔接

初中教学重牵引,教师授课细致、进度较慢,知识重复且多为机械记忆,而中职教学知识面广、专业性强且与生活联系紧密。如果学生还是延续之前的学习方法,显然是不合适的。因此,进入中职学校学习后,应在教师的指导下,找到新的学习方法,从而更好地学习新知识。

(四)生活方面

许多新生是第一次离开父母,独立生活。有些新生独自入学报到之后,常常因为思念家人而悲伤落泪。实际上,人是不可能永远和父母家人在一起生活的,独立学习、生活正是锻炼自己的良机。因此,新生要尽快融入集体,适应集体生活;要学会关心他人、严于律己、诚实守信;要拥护集体核心,维护集体利益。另外,还要调整生活习惯,由依赖到自理、由被动到主动。

第二节　入学军事训练

军训,作为新学期的第一课,通过训练学生吃苦耐劳、把握自由与纪律的尺度,可以增长才干,有助于学生迎接机遇与挑战。这就要求参加军训的学生用心融入其中,去学习、去锻炼、去磨砺。其目的是增强国防意识与集体主义观念,深刻领悟"立德、力学、力行、立新"的真正含义;培养团结互助的作风,增强集体凝聚力与战斗力;提高生活自理能力,培养思想上的自立和独立,养成严格自律的良好习惯。

第一课　开启人生新起点

一、新生参加军训的重要意义

（一）军训是培养学生德、智、体全面发展的需要

学校教育担负着传授科学文化知识、为社会主义现代化建设培养各类专门人才的重要任务。要完成这个任务，需要通过多种途径，而学生军训就是为培养合格人才而采取的一项重要措施。学生军训，除了指导学生学习初级军官和士兵必须掌握的基本知识和基本技能以外，还要对学生进行政治教育，组织学生学习我国近代史，了解革命先驱奋斗的道路和英勇事迹，学习党的路线、方针和政策，增强同党中央在思想上和政治上保持一致的自觉性。

（二）军训是加强全民国防教育的需要

国防教育是全民教育的一项重要内容，也是当代学生思想政治教育的重要组成部分。历史经验表明，一个国家、一个民族的强弱兴衰与国民国防意识的强弱有密切联系。学生既有较高的科学文化知识，又年轻力壮，他们是国家最有希望的一代，是国防兵员的主要来源。加强全民的国防教育，首先要加强学生的国防教育，提高他们的国防观念。要做到这一点，最有效的途径就是对学生进行军事训练。通过军事训练，对学生进行爱国主义、革命英雄主义和人民军队的传统教育，激发学生的爱国主义热情，增强其建设祖国、保卫祖国的责任感，从而推动全民国防教育的发展，弘扬中华民族崇勇尚武的传统美德，使学生树立居安思危、常备不懈、有备无患的国防观念。

二、新生参加军训应注意的事项

我国各个学校一般都把军训安排在开学初，即每年九月左右，此时正是一年中最热的几个月份之一，这时候军训恰恰能达到训练的目的和意义，真正地培养人、锻炼人。但做好军训期间的防护和保健措施，也是十分必要的。以下提供一些军训期间常见的问题及处理方法，希望同学们能够度过一个难忘而又安全的军训生活。

（一）军训常见的问题及处理方法

1. 中暑

中暑是指高温或引起高热的疾病使人体体温调节功能紊乱而发生的综合征。

军训中，在烈日下操练的中暑属于日射型的中暑。根据中暑症状的轻重，又可以分为先兆中暑、轻症中暑和重症中暑。先兆中暑是指在高温环境中工作一段时间后，出现轻微的头晕、头痛、耳鸣、眼花、口渴、浑身无力及步态不稳等不良反应。轻症中暑是指除以上症状外，还发生体温升高、面色潮红、胸闷、皮肤干热，或有面色苍白、恶心、呕吐、大汗、血压下降、脉细等症状。重症中暑是指除以上症状外，常突然昏倒或大汗后抽风、烦躁不安、口渴、肌肉疼痛及四肢无力。

若出现恶性高热、痉挛、休克、昏迷应拨打120急救中心，尽快就医

中暑处理：首先停止训练，迅速带中暑者脱离高热环境，移至通风好的阴凉地方，解开中暑者衣扣，让其平卧，用冷水毛巾敷其头部，扇风，并给予清凉饮料。若症状未能缓解，应及时送往医院。

2. 腹泻

腹泻主要有三大原因：一是进食不当食物或食物被细菌感染；二是饮食习惯的改变，尤其是外地来的同学，自身肠胃对于当地的食物还未能适应；三是早上喝冰饮料。

腹泻处理：恶心、腹泻不严重者多喝盐水，盐水比例为 1 杯水 +1/4 匙盐；严重者应及早就医。

3. 外伤

外伤一般包括扭伤、皮肤擦伤、抽筋、脚板起疱等。其处理方法如下：

（1）扭伤、皮肤擦伤：伤口干净者，先用过氧化氢消毒，再擦红药水和碘酒；伤口不干净者，到医院清洗包扎。

（2）抽筋：出现小腿抽筋，先将伤者的小腿放平，拉住脚掌把筋拉直，直到不再抽筋。24小时后用跌打酒按摩。

（3）脚板起疱：用酒精消毒，用针扎两个孔（扎一个孔存在水疱液流出不彻底的缺陷），把水疱中的液体挤出。若溃疡面不大，则让其自然恢复；若溃疡面大，则需要用纱布包扎。

在军训中如果有同学出现以上症状，应及时报告教师。学校每天都会安排医护值班人员，能在第一时间给予新生帮助。

（二）军训注意事项

军训过程中学生们进行了较为剧烈的运动，因此在军训结束后学生要注意自身的保健。

1. 不宜立即停下来休息

剧烈运动时血液多集中在肢体肌肉中。肢体肌肉强力地收缩，会使大量的静脉血迅速回流给心脏，心脏再把动脉血输送给全身，因此血液循环极快。如果剧烈运动刚一结束就停下来休息，肢体中大量的静脉血就会淤集在静脉中，心脏就会缺血，大脑也会因心脏供血不足而出现头晕、恶心、呕吐、休克等缺氧症状。所以剧烈运动刚结束时还应做些放松调整的活动，如长跑之后逐渐改为慢跑，再走几步、揉揉腿、做几下深呼吸。这样能使快速血液循环慢慢平稳下来，有利于消除肌肉中的乳酸，消除疲劳。

2. 不宜立即大量饮水

剧烈运动后如果因口渴一次性喝水过多，会因为汗液大量流失而导致钠代谢平衡失调，发生肌肉抽筋等现象。由于剧烈运动时胃肠血液少、功能差，对水的吸收能力弱，过多的水会渗入细胞和细胞间质，而脑组织被固定在坚硬的颅骨内，脑细胞肿胀会引起脑血压升高，使人出现头疼、呕吐、嗜睡、视觉模糊、心律缓慢等水中毒症状。一次性喝水过多，胃肠会出现不舒适、胀满之感，若躺下休息，更会因挤压膈肌而影响心肺活动，所以，剧烈运动后即使口渴也不宜一次性喝水过多，应采用"多次少饮"的方法喝水。

3. 不宜马上吹风或洗澡

有人图一时痛快，剧烈运动刚一结束，就马上用电风扇吹风、进入空调室或在阴凉风口处乘凉。这样做会带走身体大量热量，使皮肤温度下降过快，通过神经系统反射活动，引起上呼吸道血管收缩，鼻纤毛摆动变慢，降低局部抗病力量，此时寄生在呼吸道内的细菌病毒就会大量繁殖，极易引发伤风、感冒、气管炎等疾病。还有些人剧烈运动后就立即洗澡，易发生小腿抽筋的现象。因此剧烈运动后应先擦干汗液，等不再出汗时，再进行洗澡较为妥当。

4. 不宜立即吃饭

剧烈运动时，由于血液多集中在肢体肌肉和呼吸系统等处，而消化器官中的血液相对较少，消化吸收能力差，运动后需要经过一段时间的调整，消化功能才能逐渐恢复正常。所以剧烈运动后，如果马上就吃饭，会增加消化器官负担，对食物营养的吸收能力也会变差。

 **案例分享**

军训掠影

一个女生的军训日记

短短的十几天，让第一次穿上迷彩服的我们体会到了军训的真正味道——苦、辣、酸、甜。

苦——每天迎着朝霞出操，伴着月光拉练。一站就是个把钟头，脚跟发麻；走正步，一走就是几百个来回，四肢发酸；用尽力气地踏步，想动不能动，想笑不能笑。铁一样的纪律约束着我们。军训的确很苦。

辣——烈日骄阳毫不留情地炙烤着我们，如同夏天吃了辣椒般火辣。然而我们却要顶着这火辣辣的阳光继续训练。烈日下，军训"辣味"十足。

酸——无论是在烈日下还是月光下，我们反复做着那套动作，来来回回。双腿发麻的我们，心里酸溜溜的、鼻子酸酸的，眼泪在眼眶里打转，但我们没有哭，因为我们是"军人"。

甜——军训有苦、有辣，自然也有甜。那是在训练休息的时候，教官一改严肃的态度，变得和蔼可亲。他们教我们唱军歌，讲述他们在军营中的故事……

此时，我们多么希望时间能走慢一点，让我们能好好地享受这甜美的时光。

苦、辣、酸、甜，这就是军训的真正味道。

我们发现，军训的过程，其实也是不停竞赛的过程。会操、合唱、板报、内务，样样都要比，样样都会影响最后的评选结果。大家的集体荣誉感从没有如此强烈过。

除了队列训练，我们在生活中的竞争也很激烈。校广播台办公室内，几个负责军训宣传工作的同学讨论着军训投稿的文章，与其他连队的差距让他们急得团团转。他们一次又一次地筛选符合条件的稿件，希望能赶快把差距赶上。以前，同学们很少有舞文弄墨的机会，而这段时间，一天一篇的感想文章让大家几乎都成了文人。

主题活动

参观校园、了解校史

活动目标

1. 在参观校园活动中体验乐趣。
2. 了解学校先进事迹，培养"知校、爱校、荣校"的意识。
3. 构建积极向上、奋发进取的校园文化氛围。
4. 了解学校历史，增强爱校热情，为以后更加顺利地开始学校生活打下基础。

活动导入

为了让新生快速适应学校生活，可以组织学生参观校园，让学生在参观的同时，能够深入了解学校的创校背景，更好地了解校情、校史，并通过活动中的接触，增进同学之间的认识与了解。

活动环节

一、参观流程

（1）活动当天对各报名参观人员进行签到，人员全部到齐后，将所有学生带到校园。

（2）到达目的地后，有序列队，在各部门部长和领队的带领下进入校园参观。

（3）由会长和各部门部长对此次活动进行总结。

（4）组织参观人员返回。

二、活动注意事项

（1）参观的同学应按时到达集合地点，按照领队和各部门部长要求进行参观活动。

（2）各参观人员应认真有序地进行参观，不得与其他同学发生冲突，一切行动应以集体利益为重。

（3）活动中遇到问题及时反映。

（4）活动中工作人员将对参观人员进行监督，避免发生违纪现象。

（5）遵守外出参观纪律，文明顺利地完成活动。

三、应急预案

（1）当有学生出现不适情况时，需立即停止参观活动。

（2）如有学生在参观过程中与同学或讲解员发生争执，应马上制止，减少不必要的损失。

四、备注

（1）各部门部长应提前到达参观地点，等待学生到达，并派专人负责学生的签到情况。

（2）活动结束后，应专人负责校园的卫生情况，保证校园干净整洁。

（3）各部门部长应切实负起责任，保证学生们的安全。

活动小结

参观校园，了解校史，使学生牢记校规校纪，养成良好的行为习惯，提高自我约束能力，身体力行地构建奋发向上的校园文化氛围。

第一课　开启人生新起点

活动体会

第二课

自学、自立、自律

开课导读

进入中职教育阶段后，中职生的主要任务仍然是学习。对于刚入学的新生来说，有效地解决如何进行学习等问题，不仅能在学习中受益匪浅，而且能在毕业后的自我学习和工作实践中终身受益。这个自我，要分三个方向去提升：自学、自立、自律。

思政小课堂

党的二十大报告指出，必须坚持人民至上，坚持自信自立，坚持守正创新，坚持问题导向，坚持系统观念，坚持胸怀天下。自学、自立、自律，都是从自我的角度出发去做自我提升，方法因人而异，效果也千差万别，如果能够持之以恒，则会有惊人的效果。所以，学生应从自己做起，认识自己，提升自己。

第一节　中职阶段的学习特点与学习方法

一、中职阶段的学习特点

中职阶段的学习与中学阶段的学习相比，在学习内容、学习方法等方面都发生了较大的变化，并具有鲜明的特点，表现在以下四个方面。

（一）学习内容具有专业性

中职教育的目的是培养专门人才。从一入学开始，中职生就面对一个专业选择

的问题。因此，专业性是中职学习的一个显著特点，教学课程是围绕着专业的方向和需要开设的，教学的最终目的是使学生掌握专业知识和专业技能。中职生对自己的专业是否感兴趣，会直接影响学生的学习热情，进而影响学习的效果。

随着科技、经济和社会的不断发展，人才之间的竞争越来越激烈，社会对人才素质的要求越来越高。中职生要想适应社会的需要，并且在竞争中立于不败之地，光有专业知识是不够的，还必须培养多方面的能力，学习多方面的知识。因此，在学习的过程中，除了完成专业课的学习之外，还可以根据自己的兴趣爱好及社会需求选择学习辅修专业。

（二）学习目的具有创新性

当前，以高科技为核心的知识经济已占据主导地位，国家的综合国力和国际竞争力越来越取决于人才的知识创新能力和科学技术的应用程度。创新是一个民族进步的灵魂，在校学生作为未来社会建设发展的主力军，培养自己的创新意识，提高自己的科技创新能力，是成长成才和社会发展的需要。中职教育的根本任务之一就是培养学生具备会思考、探索问题的本领，创新要求学生在学习过程中对书本结论之外的新观点进行寻求和钻研。这就要求学生不仅要掌握所学的知识，而且要掌握知识的形成过程，了解学科发展的状况、存在的问题及可能解决这些问题的方法，掌握科学的研究方法并且培养独立思考、探索创新的精神。而习惯于死记硬背、墨守成规，缺乏灵活性、创造性的中职生将较多地感到压抑和不适应，也会被社会淘汰。

（三）学习途径具有多样性

进入中职学校后，中职生的一个普遍感受就是各类活动繁多，知识浩如烟海，学校为每个人的发展提供了广阔的天地。以什么样的学习方式才可以处理好课本知识与课外知识、专业知识与能力培养等多方面的关系，是许多学生深感困惑的问题。在中职教育阶段，课堂教学仍然是学生获取知识的主要途径，但不是唯一途径。随着社会的发展和教学条件的改善，学生获取知识的途径非常广泛。学生在学习过程中不仅可以通过不同的途径和渠道吸收课本知识，还

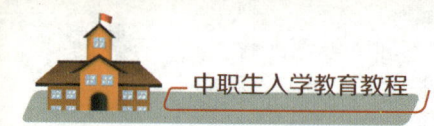

可以按照自己的学习兴趣去探求，获得更多的知识。例如，通过自学、参考各种学术报告、参加知识讲座、查阅图书资料、参与社会实践、利用互联网等途径获取知识。

（四）学习方法具有自主性

在中学时期，教师教学生是"手把手"领着教，教师安排得非常详细周到，导致不少学生养成了依赖教师、只会记忆和背诵的习惯。而在中职教育阶段，虽然也有教师讲课，但是教师上课一般是介绍思路多，详细讲解少；抽象理论多，直观内容少；参考书目多，课外习题少；课堂讨论多，课外答疑少。教师们讲课主要讲授重点、难点内容，或是自己最有心得的一部分，往往授课进度比较快，一节课可能要讲授几节甚至是一章的内容。在教师授课之后的理解、消化、巩固等各个环节主要靠学生独立地去完成。因此，中职生的学习方式更多是以自学为主，往往是教师领进门，做启发性的指导和答疑解惑，大量时间要靠学生自己去支配和决策。这就需要学生有较强的学习自觉性，而不能像中学生那样由教师布置、检查和督促。

华罗庚的故事

1910年，华罗庚出生在江苏省的一个小县城——金坛。他小时候家中清贫，父亲在小镇上开了个小杂货铺，代人收购蚕丝，一家人过着半饥不饱的生活。华罗庚上初中时，对数学产生了特殊的兴趣，他的老师王维克很器重这个聪明机灵的少年，常常单独辅导他，给他出一些难题做，这使少年华罗庚获益匪浅。华罗庚在金坛中学念完初中后，因家里无力再供他上学，只得辍学到父亲的小杂货店里帮忙料理店务，同时跟随王维克老师钻研数学。不久，金坛区流行伤寒，华罗庚不幸染病，卧床半年。后来他的病慢慢好了，可是左脚却弯曲变形，落了个跛足的终身残疾。华罗庚在贫病之中刻苦自学，不但读了许多书，而且勤于独立思考，敢于向权威挑战。华罗庚进步更快了。

第二课 自学、自立、自律

华罗庚自学了英语、德语，24岁时，他已能用英文写作数学论文；25岁时，他的论文引起国外数学界的注意；28岁时，他当上了西南联大教授。后来，他又被熊庆来教授推荐到英国剑桥大学去深造。在走过坎坷的自学之路后，他成为世界著名的数学大师，国外数学界这样评价他："华罗庚教授的研究著作范围之广，足可使他堪称世界上名列前茅的数学家之一。"

二、中职阶段的学习方法

掌握正确的方法是实现成功的途径。进入中职教育阶段，学生需尽快了解中职的学习特点，从而摸索出一套适合自己的学习方法。下面介绍三种学习方法，供学生参考。

（一）学会阅读专业课本的方法

阅读是获得书本知识的基本方法，掌握阅读专业课本的方法，会增强中职生学习专业内容的能力。中职生阅读课本是培养独立学习的第一步，是养成良好专业阅读习惯的关键一环。

（1）课前预习。课前预习课本，对将要学习的新知识先自学，看哪些能看懂，哪些看不懂，课堂上带着问题听课。

（2）课堂上看书。一般是新课之后阅读课本，给中职生留有质疑的余地。

（3）课后阅读课本。其目的是对所学的知识进行消化品味，如一些文字长或难记忆的概念，需要中职生加深理解。

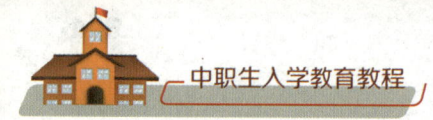

(二)积极参与学习，学会专业的思维方法

专业知识的学习离不开学生的专业实践活动。学生只有经过动手、动脑等亲身的感受，才能透彻掌握知识，形成能力。学习专业知识要会读、会听、会想，更要会操作和施工。"会想"也就是要会思考，理论联系实际。为此，教师要教会学生学会思考，掌握思维方法，形成良好的专业思维品质。在专业教学中，教师要经常运用比较、分析、综合、抽象、概括、判断、推理等基本的思维方法，并在教学活动中进行潜移默化的影响。

另外，在教学中进行思维方法训练时一定要让学生充分利用视觉、听觉等各种感官参与活动。只有让学生的眼、耳、口、脑都用起来，思维能力才能得以充分训练。久而久之，学生就一定能掌握科学、系统的思考问题的方法及专业的思维方法。

(三)掌握基本学习方法，养成良好的学习习惯

基本的学习方法是学法指导的基础，也是重要的常规性学习的必要环节。学生可以根据专业课程的各个层次，了解基本的学习方法以及通过训练获取这种方法。例如，怎样预习、怎样听课、怎样记笔记、怎样做作业、怎样复习小结等。再如，结合专业教学的内容，如何通晓机械原理，怎样掌握机械制造工艺过程，更好地获取工艺方法的途径有哪些等，学法的研究也属于这个范畴。

第二节　养成良好习惯

一、习惯的概念及特点

(一)习惯的概念

习惯，是一种力量。古罗马诗人奥维德说："没有什么比习惯的力量更强大。"习惯是一个人思想与行为的真正领导者。习惯让我们减少思考的时间，简

化行动的步骤，让我们更有效率。"习惯"在《心理学大词典》中的解释为：习惯是人在一定情境下自动化地去进行某种动作的需要或倾向。也可以说，习惯是人在一定情境中所形成的一种相对稳定的、自动化的行为方式。行为心理学证明，当一个行为或动作每天都做，坚持21天，那么它就会变成一个习惯；如果持续了90天，那它就成为一个不容易改变的习惯。

（二）习惯的特点

1. 个体差异

日常生活中，我们只要留意，便会发现每个人都有不同的生活习惯。从举止、言谈到思维，往往各有自己与众不同的特点。习惯的形成受个体遗传、环境、教育等各种因素的综合影响，每个人的个性特征和生活环境都不尽相同。每个人的习惯形成既是一个个体社会化的过程，又是一个个体个性化的过程。习惯的个体差异太大，有一百个人就会有一百套习惯的建构。即便在基本相同的环境里，也完全有可能养成不同的习惯。例如，兄弟姐妹之间的习惯就可能是不一样的。

2. 情境影响

习惯是一种动力定型，是在相同情境下出现的相同反映，因此具有情境性。许多习惯源于风俗。例如，我们常把风俗和习惯连在一起，称为"风俗习惯"。风俗沿袭下来，久而久之就形成了习惯，这就是习惯的情境性。

习惯形成以后，总是由一定的情境而启动。也就是说，养成了某种习惯的人，一旦到了特定的场合，习惯就会表现出来。所以，要创造条件，使其行为习惯得到巩固和泛化，在各种场合都要实践其良好的行为习惯。这种情境还包括职业情境，从事不同的职业也会养成不同的习惯。例如，记者跟人交谈时喜欢刨根问底，护士走路会十分轻盈，等等。

3. 后天习得

习惯虽然受先天的影响，但主要是在后天的生活环境中习得的。从生理机制来讲，习惯是一种后天获得的条件反射。了解习惯的后天性特征，可以使人有意识、有目的地进行良好习惯的训练，防止并克服不良习惯，充分发挥主体的能动作用。

学生从科学性角度认识习惯的这一特性，有助于大家在培养的过程中不断重复训练，逐步形成良好习惯。例如，不是所有人都习惯晨练，但只要你不断坚持，重复到一定天数后，不进行晨练反而感觉不适应了，这个时候晨练的习惯就养成了。

4. 相对稳固

稳固性是指某种习惯一旦形成就较难改变。许多习惯从小养成，根深蒂固，很难改变。例如，走路的姿势、说话的语气等。这些习惯是从小形成的，具有一定的稳固性。

但这种稳固性不是绝对的，已形成的不良习惯虽然难以改变，但不是绝对不能改变，只要训练得法，经过较长时间的强化训练仍可改变。例如，训练"见人就微笑"，每当见到一个人时，就提醒自己微笑。如果微笑一次，就给自己打个对钩；如果打完招呼后，意识到自己刚才是板着脸的，就打一个叉。一开始可能叉会比较多，慢慢地，对钩就会越来越多，直到最后全部是对钩。大家可以在日常生活中试一试。

中职生由于身心发展还未定型，因此具有较强的可塑性，这一时期是养成好习惯和矫正不良习惯的最佳时期。任何一种习惯都是可以培养的，也是可以改变的，只要大家有决心、有耐心，加上正确的方法，坏习惯就一定能够得到矫正，好习惯就一定能够形成。

二、培养良好的生活习惯

不良的生活习惯，如讲话粗言秽语，生活自理能力差，不勤洗衣服、鞋袜，不注重个人内务、教室环境卫生等，都会影响学生自身的形象，以致给同学留下不好的印象。因此，养成良好的生活习惯对每个学生来说，都是十分必要的。

培养良好的生活习惯是保持身体健康和精神愉悦的关键。常见的良好生活习惯包括合理的饮食、充足的睡眠、适当的运动、合理释放压力、合理规划时间等。中职阶段是学生处于长身体、长知识的时候，良好的生活习惯是确保学生顺利过渡中职阶段的一个重要基础。想养成良好的生活习惯，需要我们持之以恒，并不断调整和改进我们的生活方式。

第三节　自律及自我效能感

自律不仅对于培养学生自身的道德、修养、尊严有至关重要的作用，而且与学生未来的择业也息息相关。学生只有在学校这个沟通自我与社会的平台中找到平衡点，并不断巩固、加强自律意识，做到遵纪守法，才能为自己以后的择业、创业提供良好的思想保障。

一、中职生自我效能感现状

自我效能感是指个体对自己是否有能力完成某一行为所进行的推测与判断。由于中职生的生理和心理特点，导致很多人不能正确地认识自己，进而不能形成较高的自我效能感。中职生的自我效能感主要有以下几方面的表现。

（一）自我否定

有些中职生对现实中的自己评价过低，当理想过高时，他们缺乏自信，拒绝接纳自己。他们不是通过积极改变自我去实现理想，而是一定程度上向现实妥协，以求得自我统一，其结果是自我效能感逐步降低。

（二）不敢质疑

以往的失败经验会影响人们在从事新活动时的自信程度，很多中职生在面临新任务时总是联想到自己的失败经历，认为自己一定会再次失败，所以放弃了完成新任务的机会，不能获得新的成功体验。

（三）不敢尝试

在诸多情境中，很多人由于恐惧失败而刻意回避，进而产生一系列自卑、自我怀疑的感受和情绪，不敢尝试，这大大降低了中职生的自我效能感。

（四）存在差异性

众多实验结果表明，中职生的自我效能感存在多方面的差异。一般表现为：农村学生自我效能感低于城市学生、女生低于男生、非独生子女低于独生子女、普通学生低于学生干部等。

二、提高自律意识的途径

提高学生的自律意识，概括起来有以下几条途径。

（1）学校加强对学生的法制教育，提高学生的社会责任感，增强学生的社会荣辱观；引领学生领悟马克思主义哲学基本原理，以提高自身的思想道德修养。学生通过学习提高自身的思想觉悟，注重在学习中实践、在实践中学习，有意识地从身边的小事做起，有目的地培养自律意识。

（2）学校要营造一个良好的校园文化氛围，明确善恶美丑，加强学生的心理素质教育。学校文化承载着一个学校、一个地区的精神内涵。通过学校这个大平台，改善学风学纪，给学生营造一个无形的自律氛围，使学生在这个大环境中能自觉地审视和判断自己的行为是否违背自己的原则和准则，从而能更客观地看待自己的行为。

（3）通过自身的实践、教育来提高创造力、分析能力和团队合作意识。"实践是检验真理的唯一标准"，通过实践提高学生对于自觉、自律、自重的重要作用的意识和感悟。学生要在实践中感悟自律的方式、方法，并通过自己的归纳总结，形成一套属于自己的自律模式。

（4）不断提高自身道德修养，明确"言必信，行必果"，划清"做"与"不做"的界限。学生要积极参加学校、班级组织的课余、科研活动，提高团队合作意识和自我约束能力，促进自身与自然、自我与社会的和谐发展，并在自己的学习、生活中牢牢把握正确的原则和准则，确立马克思主义科学信仰。

主题活动

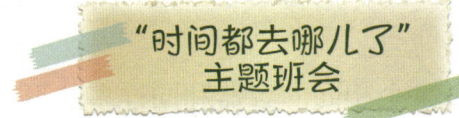

"时间都去哪儿了"
主题班会

活动目标

1. 懂得时间的短暂性和宝贵性，掌握时间管理的秘诀。
2. 学会管理自己的时间，懂得对时间进行分配。
3. 学会做时间的主人，让自己人生的每一段时间都有价值。

活动导入

主持人：世界上有一个奇怪的银行，它给每个人都开了个账户，每天都往大家的账户上存入同样数目的资源，但要求你当天用完，并不准把余额记账，不准预支和超支。如果用不完第二天就自行作废。请问，这个银行每天给我们存入的到底是什么？（谜底：时间）

通过猜谜语，我们可以分析出时间的特性。

（1）无法开源：时间的供给量是固定不变的，在任何情况下都不会增加，也不会减少，每天都是24个小时，所以我们无法开源。

（2）无法蓄积：时间不像人力、财力、物力和技术那样可被蓄积储藏，不论愿不愿意，我们都必须消费。

（3）无法取代：任何一项活动都有赖于时间的占用，这就是说，时间是任何活动所不可缺少的基本资源。因此，时间是无法取代的。

（4）无法复得：时间无法像失物一样失而复得。它一旦丧失，就是永远地丧失。花费了金钱，尚可赚回，但倘若挥霍了时间，任何人都无力挽回。

点拨：我们无法使时间停留、倒流，但我们可以控制时间的"流向"，这就是通过有效的时间管理，让时间流向有意义的地方，让每一段时间都有价值。

活动环节

一、游戏体验：感悟事情的轻重缓急

游戏名称：生命中的鹅卵石。

游戏准备：桌上放两个大小相同的容器和同样多的石头、沙子。

游戏要求：将学生分组，各小组按不同顺序把石头和细沙放进杯子里，然后思考：同样的容量，等量的物质，放入顺序不同，会导致怎样不同的结果呢？

学生分组按要求进行操作并展示结果。

说一说：在这个游戏中，容器象征着什么？细沙象征着什么？石头象征着什么？这个游戏又说明了什么？

学生各抒己见。

点拨：容器象征着我们每个人有限的时间，不管是一天还是一生；细沙象征着那些每天纠缠着我们的似乎永远也忙不完的、紧急的琐事；石头象征着关乎人生命运的大事。这个游戏说明：倘若我们总先忙琐事，那么就很难成就大事。而如果我们能做到要事第一，那么处理琐事也会游刃有余。

二、学习时间管理四象限，分清事情的轻重缓急

美国著名管理学家科维提出一个时间管理理论，即把工作按照重要和紧急两个不同的程度进行划分，可以分为四个"象限"：重要且紧急、重要不紧急、不紧急不重要、紧急但不重要。这就是关于时间管理的"四象限法则"，如图2-1所示。

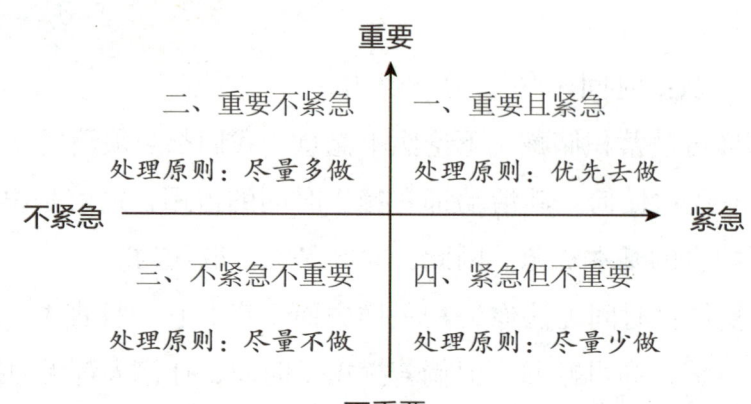

图2-1 时间管理的"四象限法则"

说一说：通过对"四象限法则"的了解，大家觉得自己把时间、精力放在哪个象限较好？

点拨：先做重要且紧急的事，多做重要不紧急的事，少做紧急但不重要的事，不做不紧急不重要的事。

三、班会升华：领悟时间的张力

主持人：成功人士与普通人最大的相同点是拥有一样多的时间，最大的不同点是对时间的利用方式不同，下面我们通过一个游戏来体会。

活动演示：往装满水的杯子里放入尽可能多的回形针。

教师边演示边提问，让学生感悟。

说一说：在一个装满水的杯子中，在不让水溢出的前提下能放入多少个回形针？学生分享活动心得。

学生A：放入的回形针数量远远超出了我们的预想。这杯水就像我们有限的时间，如果我们能合理地利用时间，我们就能得到更多。

学生B：成功的人都是懂得时间管理的人，他们能在有限的时间里做比一般人更多的事情。

点拨：生命的长度我们无法控制，但自己生命的宽度、厚度则可由我们自己决定。

班主任总结：不管对谁来说，一天都是24个小时，而且时间是永远不会等人的，它总是无声无息地向前走着。我们现在的每一分钟，都在创造我们的未来。既然我们无法挽留时间，那就让我们合理地利用好它，让人生的每一段时间都有价值。

活动小结

本节主题班会主要由引入主题、体验感悟主题、升华主题几部分组成。先由猜谜语引入班会主题，提出时间的特性，使学生了解时间管理的秘诀：先做重要且紧急的事，多做重要不紧急的事，少做紧急但不重要的事，不做不紧急不重要的事，感悟到时间的短暂和时间的张力。

活动体会

第二课 自学、自立、自律

第三课

厚植爱国情怀

 **开课导读**

爱国主义教育是指树立热爱祖国并为之献身的思想的教育。学校是学生接受爱国主义教育的主要场所,作为教育者,必须发掘祖国的人文资源,唤醒学生深厚的爱国主义思想和浓烈的爱国主义情怀,对学生进行民族自豪感、忧患感和使命感等多层次的爱国主义教育。

 思政小课堂

社会主义核心价值观根植于中华文化沃土,熔铸于我们党领导人民进行长期奋斗的伟大实践中,彰显着马克思主义的中国式现代化,是社会主义先进文化的精髓,是中华民族赖以维系的精神纽带,是坚定中国特色社会主义共同理想的思想基础。党的二十大报告指出:"中国式现代化是物质文明和精神文明相协调的现代化。"当前,我国社会的主要矛盾是人民日益增长的美好生活需要和不平衡不充分发展之间的矛盾,全面建设社会主义现代化国家、全面推进中华民族伟大复兴比以往任何时候都更需要思想引领、文化滋养和精神支撑。

学生是国家的未来和民族的希望,学生要以爱国主义为核心,树立正确的世界观、确立社会主义理想信念、坚定正确的政治立场和政治观念。为了完成人民幸福、国家富强和民族复兴的伟大事业,学生不仅需要培养适应现代社会发展的专业技能,还需要培养爱国精神,以提升对社会政治制度的认同感、确立社会主义理想信念、坚定正确的政治立场和政治观念,成为有理想、有抱负、全面发展的合格人才。

第三课　厚植爱国情怀

第一节　践行社会主义核心价值观

党的二十大以来，党中央高度重视培育和践行社会主义核心价值观。党的二十大报告中指出"社会主义核心价值观是凝聚人心、汇聚民力的强大力量"，深刻阐释了社会主义核心价值观的重要意义，并围绕"广泛践行社会主义核心价值观"做出了重要战略部署。青年要自觉践行社会主义核心价值观，与祖国和人民同行，广大青年学生是时代的先锋、民族的未来，肩负着实现中华民族伟大复兴的历史重任，更要积极学习和践行社会主义核心价值观，努力创造精彩人生。

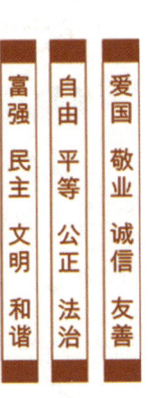

一、培育社会主义核心价值观的原因

社会主义核心价值观之友善

（一）是坚持和发展中国特色社会主义的要求

1. 任何社会都有自己的核心价值观

（1）奴隶社会的价值观。奴隶主阶级大肆宣扬"人天生就不平等，人的富贵命运由上天决定，人人都要服从上天的安排"。

（2）封建社会的价值观。封建社会宣扬的价值观是"三纲五常"。"三纲"即君为臣纲、父为子纲、夫为妻纲，"五常"为仁、义、礼、智、信，"三纲五常"是维护封建社会伦理道德、政治制度的工具，在漫长的封建社会中起到了极为重要的作用。

（3）资本主义社会的价值观。资产阶级以人性对抗神性，以人权反对神权，在此基础上形成了个人主义、自由主义、功利主义的鲜明特征。

2. 培育社会主义核心价值观是坚持和发展中国特色社会主义的要求

核心价值观是塑造国家的核心要素，是维系国家的精神纽带，是支撑国家的文化支柱。中国特色社会主义是全面发展、全面进步的社会主义。它既需要

不断完善经济、政治、文化、社会和生态文明等各方面制度，也需要不断探索社会主义在精神和价值层面的本质性规定；既需要为人们描绘未来社会物质生活方面的目标，也需要为人们指出未来社会精神价值的归宿。坚持和发展中国特色社会主义需要高度重视和大力培育社会主义核心价值观。

（二）是发展社会主义市场经济的需要

1. 市场经济为我国经济社会注入强大的生机和活力

社会主义市场经济体制的建立和完善，为我国经济社会发展注入了强大的活力，取得了举世瞩目的成就。我国的综合国力不断提升，国际竞争力和国际影响力日益增强。2022年公布的世界GDP排名中，我国经济总量居世界第二位，成为第一大出口国、第二大进口国、第二大吸收外资国、第三大对外投资国、第一大外汇储备国，这为我国进一步发展提供了坚实的物质基础。

2. 市场经济的消极作用也不可忽视

市场经济促进经济的繁荣，同时也带来了社会思想的空前活跃，各种思潮此起彼伏，各种观念交相杂陈，不同价值取向并存。拜金主义、享乐主义、个人主义有所滋长，也存在唯利是图、损人利己、假冒伪劣等不良社会现象，这些观念和现象不仅影响人们的价值取向、社会的精神风貌，还会严重影响市场经济的完善和健康发展。

（三）是增强中华民族凝聚力、促进大国崛起的必然要求

1. 培育社会主义核心价值观是增强中华民族凝聚力的必然要求

评判一个国家的实力，不仅仅要看经济、科技、军事等方面的硬实力，还要看这个国家的软实力。一个国家的软实力在很大程度上表现为民族凝聚力，这种凝聚力又主要来自国民对核心价值观的认同和追求，只有建立共同的价值目标，国家和民族才会有赖以维系的精神纽带，才会有统一的意志和行动，甚至越是在危机重重的时候，越能产生强大的凝聚力、向心力。

对于中国这样一个由众多民族组成的大国来说，民族凝聚力就是把中华民族的全体成员紧密地团结在一起的强大内在力量，核心价值观就是促进民族团结、维护社会稳定、保障国家统一的精神纽带。建设、培育社会主义核心价值

观,能够从根本上增强中华民族的凝聚力,实现中华民族的伟大复兴。

2. 培育社会主义核心价值观是促进大国崛起的必然要求

一个大国,如果没有一个好的价值观,也很难成为有影响的大国。世界的文明进入中国,中国的文明也走向世界。中国要真正成为世界文化大国、文化创造大国、文化产业大国,中华民族要屹立于世界民族之林,就要通过构建核心价值观来提升全民族的人文精神。

二、践行社会主义核心价值观的路径

青年要从现在做起、从自己做起,使社会主义核心价值观成为自己学习和生活的基本准则。践行社会主义核心价值观要着重落实在行动上,首先要树立科学的精神,不断加强学习,掌握将来报效祖国的本领;其次要树立服务的理念,把为人民服务作为一种习惯,使其成为一种人生的态度,通过参加各类志愿服务,努力实现自身的价值;最后要勇于担当社会责任,肩负起实现中华民族伟大复兴的责任和义务。

树立和培育社会主义核心价值观,要在以下几点下功夫。

(一)勤学,下得苦功夫,求得真学问

知识是树立核心价值观的重要基础。诸葛亮的《诫子书》中写道:"非学无以广才,非志无以成学。"学生的青春时光只有一次,我们应该好好珍惜。为学贵在勤奋、贵在钻研、贵在有恒。学生阶段,"恰同学少年,风华正茂",有教师指点,有同学切磋,有浩瀚的书籍引路,可以心无旁骛地求知问学。此时不努力,更待何时?学生要勤于学习、敏于求知,注重把所学知识内化于心,形成自己的见解,既要专攻博览,又要关心国家、关心人民、关心世界,学会承担社会责任。

(二)修德,加强道德修养,注重道德实践

"德者,本也。"蔡元培先生说过:"若无德,则虽体魄智力发达,适足助其为恶。"道德之于个人、之于社会,都具有基础性意义,做人做事第一位的是崇德修身。这就是为什么我们的人才标准是"德才兼备、以德为先",因为德

是首要，是方向，一个人只有明大德、守公德、严私德，其才方能用得其所。修德，既要立意高远，又要立足平实。要立志报效祖国、服务人民，这是大德，养大德者方可成大业。同时，还得从做好小事、管好小节开始，"见善则迁，有过则改"，踏踏实实修好公德、私德，学会劳动、学会勤俭；学会感恩、学会助人；学会谦让、学会宽容；学会自省、学会自律。

（三）明辨，善于明辨是非，善于决断选择

面对世界的深刻复杂变化，面对信息时代各种思潮的相互激荡，面对纷繁多变的社会现象，面对学业、情感、职业选择等多方面的考量，学生有疑惑、有彷徨、有失落，这些都是正常的人生经历，关键是要学会思考、善于分析、正确抉择，做到稳重自持、从容自信、坚定自励。

学生要树立正确的世界观、人生观、价值观，掌握了"明辨"这把总钥匙，再来看看社会万象、人生历程，一切是非、正误、主次，一切真假、善恶、美丑，自然就洞若观火、清澈明了，自然就能做出正确判断和选择。正所谓"千淘万漉虽辛苦，吹尽狂沙始到金"。

（四）笃实，扎扎实实干事，踏踏实实做人

道不可坐论，德不能空谈。核心价值观既可内化为人们的精神追求，又可外化为人们的自觉行动。清代思想家颜元《习斋先生言行录·齐家》中记载："圣人是肯做工夫庸人，庸人是不肯做工夫圣人。"青年有着大好机遇，关键是要迈稳步子、夯实根基、久久为功。心浮气躁、朝三暮四，学一门丢一门，干一行弃一行，无论为学还是创业，都是最忌讳的。老子《道德经》记载："天下难事，必作于易；天下大事，必作于细。"成功的背后，永远是艰辛和努力。

青年要把艰苦环境作为磨炼自己的机遇，把小事当作大事干，一步一个脚印地往前走。滴水可以穿石，只要坚韧不拔、百折不挠，成功就一定在前方等你。核心价值观的养成绝非一日之功，要坚持由易到难、由近及远，努力把核心价值观的要求变成日常的行为准则，进而形成自觉奉行的信念理念。不能顺利的时候，看山是山、看水是水，一遇挫折，就怀疑动摇，看山不是山、看水不是水了。无论什么时候，我们都要坚守在中国大地上形成和发展起来的社会主义核心价值观，在时代大潮中建功立业，成就自己的宝贵人生。

第三课　厚植爱国情怀

第二节　"五育"并举、立德树人

"五育"并举的教育就是德、智、体、美、劳和谐发展的教育，是符合历史发展要求的，在教育思想史上也是一个巨大的进步。从人才培养看，"五育"并举也符合人的全面发展的教育规律。党的二十大报告中对"实施科教兴国战略，强化现代化建设人才支撑"做出全面部署，要求"坚持为党育人、为国育才，全面提高人才自主培养质量，着力造就拔尖创新人才"。这为我国加快建设教育强国、更好地落实立德树人的根本任务、办好人民满意的教育指明了前进方向，提供了根本原则。学校要全面贯彻党的教育方针，坚持为党育人、为国育才，为全面提高人才自主培养质量做出新的更大贡献。

一、"五育"并举

"五育"是指德、智、体、美、劳五大教育，所以"五育"并举就是指德、智、体、美、劳共同发展。

"五育"并举是源于教育思想家蔡元培提出的"军国民教育、实利主义教育、公民道德教育、世界观教育、美感教育皆近日之教育所不可偏废"的一种思想主张，这是蔡元培教育思想的一个显著特点。"五育"并举也是近年来教育改革提出的一个发展方向。

2021年，"五育"并举和"双减"政策在全国都得到了贯彻落实，也得到了家长、学校和社会的一致好评。其宗旨是各项教育同步跟上，真正为了学生的全面发展，培育全能型人才。人们常说，读书不要读"死书"。读书只是接受教育、开发思想的一种途径，所学知识最终还是用于社会生活中。人的一生都在谋求自我的价值意义，所学的、所经历的、所遭受的，都是为了成长，成为更好的自己。"五育"并举，是引领学生全方位挖掘自己的潜能，从书本走进生活、走进社会。

二、立德树人

（一）树立正确价值观，放飞青春梦想

学生要树立正确的世界观、人生观、价值观，不断加强关于党史、新中国史、改革开放史、社会主义发展史的学习，让党的光荣传统和红色基因在血脉里传承、弘扬。利用重大历史事件纪念活动、爱国主义教育基地、国家公祭仪式等，从中汲取智慧和力量，肩负历史使命，坚定前进信心，在全面建设社会主义现代化国家、实现第二个百年奋斗目标的新征程中放飞青春梦想。

（二）知行合一，强国有我

学生将课本理论知识与社会实践结合起来，既多读有字之书，也多读无字之书，将人生经验学习和社会知识积累融会贯通。学生只有坚定对马克思主义的信仰、对中国特色社会主义的信念、对实现中华民族伟大复兴中国梦的信心，深入把握好新时代中国特色社会主义思想的世界观和方法论，厚植家国情怀，践行"强国有我"目标，坚定不移听党话、跟党走，传承、弘扬好以伟大建党精神为源头的中国共产党人精神谱系，将"小我"融入"大我"，践行"有理想、敢担当、能吃苦、肯奋斗"的时代要求，将知与行的足迹刻在祖国大地上，才能肩负起强国建设、民族复兴的时代重任。

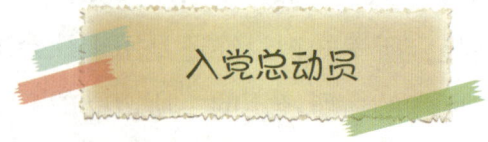

活动目标

1. 提升预备党员党性修养。

2. 聚焦预备党员素质提高和先锋作用辐射，充分发挥预备党员战斗堡垒作用和预备党员先锋模范作用。

第三课　厚植爱国情怀

活动导入

入党积极分子推优，结合群团会议情况及推优表情况研究确定入党积极分子初步人选。

活动环节

一、主持人发言

（1）欢迎各位参与人员，并做自我介绍。

（2）隆重介绍与会嘉宾，并表示热烈欢迎。

（3）宣布"成长在党的阳光下"入党教育主题班会正式开始。

二、授课党员发言

（1）播放纪录片，然后讲述中国共产党的性质（以现场提问的方式导入）。

（2）揭示党的指导思想、党的最终目标与最终任务，青年学生要树立共产主义远大理想。

（3）阐述学生加入共产党的条件及入党申请书的书写格式与注意事项。

（4）说明为什么青年学生要积极入党。

（5）端正入党动机，争取早日入党。

三、现场同学发言

（1）阐明对党的认识。

（2）表述对党的敬意与对党发展历程的赞叹。

（3）提出对入党申请书的疑问。

活动小结

加入中国共产党是为了实现共产主义伟大理想，为了更好地服务广大人民群众，是在党的基本路线、方针和政策的指导下，把共产主义远大理想和精神统一起来，解放思想，实事求是，在工作、学习和生活中表现出良好的素质和道德修养。

活动体会

第四课

遵国法、守校规

 **开课导读**

　　遵守校规校纪是创建良好校园环境的前提。一个人的成长过程，就是一段不断完善自我的过程，而这个完善的过程，便是我们不断发现自身缺点从而改正的过程。对于国家，法律法规是执行路线的保证；对于学校，良好的纪律是教师教学的保证，是学生学习的保证，是同学们成人成才的保证，也是学校教育事业顺利开展的重要保证。

 思政小课堂

　　遵国法、守校规，中职生应将自身所学"内化于心，外化于行"，从而坚定理想信念，把握人生航向，牢固树立对党的科学理论的信仰，坚定走中国特色社会主义道路的信念，以实际行动为"中国梦"奉献青春和力量。

第一节　尊重法律权威，提升法制素养

一、尊重法律权威

　　法律通过调整社会关系，规范人的行为，保障社会成员的利益，实现稳定合理的社会秩序。法律的权威源自人民的内心拥护和真诚信仰。人民的权益要靠法律保障，法律的权威要靠人民维护。就学生而言，作为公民，要尊重法律权威，在学习和生活中积极作为，养成敬畏法律的良好品质，努力成为尊重法律权威、信仰法律的先锋。

　　尊重法律权威，就要信仰法律，对法律常怀敬畏之心；就要尊重法律，用实际行动捍卫法律尊严，保障法律实施；就要服从法律，拥护法律的规定，接

第四课 遵国法、守校规

受法律的约束，履行法定的义务，服从依法进行的管理，承担相应的法律责任；就要维护法律，争当法律权威的守望者、公平正义的守护者、具有良知的护法者。

二、学习法律知识

学习和掌握基本的法律知识，是提升法制素养的前提。法律知识通常包括法律法规方面的知识和法律原理、原则方面的知识，这两部分法律知识对于学生培养法制思维、提升法制素养都很重要。只有既了解法律法规在某个问题上的具体规定，又了解法律的原理、原则，才能更好地领会法律精神，提升法制素养。

（一）养成守法习惯，增强规则意识

养成规则意识、坚持守法守规是每个法治国家公民的基本素养。学生参与社会活动，实施个人行为，都要以法律为依据，不得违反法律规范。处理问题、做出决定时，要先问问在法律上"是什么"和"为什么"，是否合法可行。在处理守法与违法的关系时，要防微杜渐，防止因小失大。在面临选择的重大关头，要依法冷静权衡，防止因头脑发热或心存侥幸而铸成大错。在学习和生活中，学生应做到懂规矩、守规则、依法规，坚持依法办事。

增强法治意识

（二）参与法制实践是学习法律知识的有效途径

法制实践有助于加深个人对法律知识的认识，如果脱离生动的实践，法制素养就成了空中楼阁。只有通过参与各种法律活动，在实践中运用法律知识和方法思考、分析、解决法律问题，才能养成自觉的法制思维习惯，提升法制素养。

三、提高自己的用法能力

学法是为了更好地用法，把对法制的尊崇、对法律的敬畏转化成思维方式和行为方式，要在法制之下，而不是法制之外，更不是法制之上想问题、做决

策、办事情。学生应该通过运用法律，提高解决问题的能力，使法律内化于心、外化于行。

（一）维护社会权益

学生除了要运用法律维护自身权利外，还要通过法律维护社会权益，对违法犯罪行为要敢于揭露、勇于抵制，消除袖手旁观、畏缩不前的恐惧心理，抵制遇事回避的惧法现象。学生要遵法守规、遇事找法、善于用法，做新时代的守法人、护法人。

（二）维护自身权利

学生要增强权利意识，用法处理纠纷，依法维护权利。当自身的合法权益受到侵害或威胁时，既要有遇事找法、解决问题用法、化解矛盾靠法的意识，又要掌握维护权利的途径和手段。除了提高防范意识外，还要善于留存法律证据，通过法律途径解决问题，理性维权。

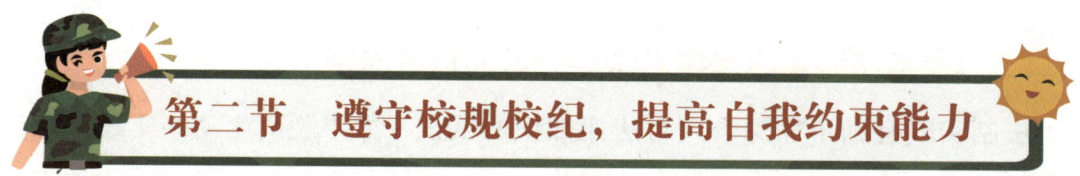

第二节　遵守校规校纪，提高自我约束能力

无规矩不成方圆。一个没有自我约束力的个体，必定一事无成。作为在校学生，我们要严格遵守校规校纪，培养规则意识。

每所学校都有严格的校规校纪。作为校园文化的一部分，校规校纪为维护学校精神、弘扬文明校风筑起了一道坚实的制度屏障，更为处于人生成长关键时期的青年学子撑起了一把保护伞。了解并遵守校规校纪，对于刚入学的新生而言，显得至关重要。

第四课 遵国法、守校规

一、中职生日常行为规范

（一）自尊自爱，注重仪表

（1）维护国家荣誉，尊敬国旗、国徽，会唱国歌，升降国旗、奏唱国歌时要肃立、脱帽、行注目礼。

（2）穿戴整洁、朴素大方，不烫发、不染发、不化妆、不佩戴首饰。男生不留长发，女生不穿高跟鞋。

（3）讲卫生，养成良好的卫生习惯。不随地吐痰，不乱扔废弃物。

（4）举止文明，不说脏话，不打架，不赌博，不涉足未成年人不宜的活动。

（5）情趣健康，不看色情、凶杀、暴力、封建迷信的书刊和音像制品，不听不唱不健康歌曲，不参加迷信活动。

（6）爱惜名誉，拾金不昧，抵制不良诱惑，不做有损人格的事。

（7）注意安全，防火灾、防溺水、防触电、防盗、防中毒等。

（二）诚实守信，礼貌待人

（1）平等待人、与人为善，尊重他人的人格、宗教信仰、民族风俗习惯，谦恭礼让、尊老爱幼，帮助残疾人。

（2）尊重教职工，见面行礼或主动问好，回答师长问话要起立，给教师提意见态度要诚恳。

（3）同学之间互相尊重、团结互助、理解宽容、真诚相待、正常交往，不以大欺小，不欺侮同学，不戏弄他人，发生矛盾时多做自我批评。

（4）使用礼貌用语，讲话注意场合，态度友善，要讲普通话。接受或递送物品时要起立并用双手。

（5）未经允许不进入他人房间，不动用他人物品，不看他人信件和日记。

（6）不随意打断他人的讲话，不打扰他人学习、工作和休息，妨碍他人要道歉。

（7）诚实守信，言行一致，答应他人的事要做到，做不到时应表示歉意，借他人钱物要及时归还。不说谎，不骗人，不弄虚作假，知错就改。

（8）上、下课时起立向教师问好；下课时，请教师先行。

（三）遵规守纪，勤奋学习

（1）按时到校，不迟到、不早退、不旷课。

（2）上课专心听讲，勤于思考，积极参加讨论，勇于发表见解。

（3）认真预习、复习，主动学习，按时完成作业，考试不作弊，不违反学校规定。

上课认真听讲

（4）积极参加社会实践，积极参加学校组织的其他活动，遵守活动的要求和规定。

（5）认真值日，保持教室、校园整洁优美。不在教室和校园内追逐、打闹、喧哗，维护学校的良好秩序。

（6）爱护公物，不在黑板、墙壁、课桌、布告栏等处乱涂乱画。借用公物要按时归还，损坏东西要赔偿。

第四课 遵国法、守校规

（7）遵守宿舍和食堂的制度，爱惜粮食，节约水电，服从管理。

（8）正确对待困难和挫折，不自卑、不嫉妒、不偏激，保持心理健康。

（四）勤劳俭朴，孝敬父母

（1）生活节俭，不互相攀比，不乱花钱。

（2）学会料理个人生活，自己的衣物用品收放整齐。

（3）生活有规律，按时作息，珍惜时间，合理安排课余生活，坚持锻炼身体。

（4）经常与父母交流生活、学习、思想等情况，尊重父母的意见和教导。

（5）外出和到家时，向父母打招呼；未经家长同意，不得在外住宿或留宿他人。

（6）体贴父母长辈，主动承担力所能及的家务劳动，关心、照顾兄弟姐妹。

（7）对家长有意见要有礼貌地提出，讲道理、不任性、不发脾气、不顶撞。

（8）待客热情，起立迎送。不影响邻里正常生活，邻里有困难时主动关心帮助。

（五）严于律己，遵守公德

（1）遵守国家法律，不做法律禁止的事。

（2）遵守交通法规，不闯红灯，不违章骑车，过马路走人行横道，不跨越隔离栏。

（3）遵守公共秩序，乘坐公共交通工具主动购票，给老、幼、病、残、孕及师长让座，不争抢座位。

（4）爱护公用设施，爱护庄稼、花草、树木，爱护有益动物和生态环境。

（5）遵守网络道德和安全规定，不浏览、不制作、不传播不良信息，慎交网友，不进入营业性网吧。

礼貌让座

（6）珍爱生命，不吸烟，不喝酒，不滥用药物，拒绝毒品。不加入各种名目的非法组织，不参加非法活动。

（7）公共场所不喧哗，瞻仰烈士陵园等相关场所保持肃穆。

（8）观看演出和比赛，不起哄滋扰，做文明观众。

（9）对违反社会公德的行为进行劝阻，发现违法犯罪行为及时报告。

二、提高自我约束能力

自我约束能力，即自制力、自控力及自律力，提高自我约束力的目的是发展学生的综合素质，使其学会约束自我、完善自我。

培养自律意识

（一）加强心理教育与自我教育协同发展

学生价值观的形成离不开外界的影响，其中，心理因素在学生的全面发展中起着关键性的作用。

（二）建立良好的校园文化氛围

良好的校园文化氛围对树立学生自信心发挥着至关重要的作用，校园文化包括物质文化与精神文化，其中精神文化建设对学生心理发展尤为重要，勇于展示自我、明确自己的发展方向，有针对性地解决自身存在的普遍问题，可帮助学生形成正确的人生观。

（三）家庭与个人的积极参与

学生自我约束力的培养是一个循序渐进的过程，它不仅需要社会与学校共同推进和完善，也需要家庭与个人积极参与。作为学生，需要积极主动地融入新的学习环境，努力完善自我，加强自我约束力，最终实现自身的全面发展。

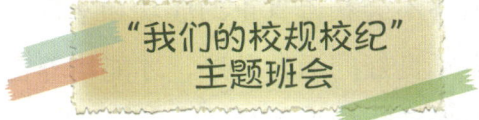

提高个人道德修养

活动目标

1. 审视自己的日常行为。
2. 根据校规校纪对各种行为都能做出正确的判断，从而端正自己的行为。
3. 养成良好的行为习惯，提高自我约束能力。

活动导入

校规校纪教育是学校对学生进行规范管理的重要措施，也是学生思想道德教育的重要内容，是学生在校正常学习和生活的重要保障，是学生把规章制度内化为自觉行动的第一步。学校应加强对学生的思想道德教育，使学生牢记校规校纪，这不仅有利于其以后的人生发展，更有利于社会未来的总体进步。

活动环节

一、主持人发言

（1）欢迎各位参与人员，并做自我介绍。

（2）介绍关于本次班会的主题。

（3）宣布"树立优良学风，遵守校规校纪"主题班会正式开始。

二、学生发言

学生 A："文明是每一个学生都应该具有的良好品质，更是其步入社会、走向成功的重要筹码，因此，个人认为开展这次班会很有必要。"

学生 B："我同意学生 A 的说法，正所谓'无规矩不成方圆'，只有在我们共同的努力下，班级建设才会做得更好。"

学生 C："是的，假如大家在教室里安安静静写作业时，有同学在走廊吵闹喧哗，还能安心做作业吗？假如有同学吵架了，是去旁边观战，还是及时制止他们，向他们讲道理呢？假如同学摔倒了，是及时把同学扶起来送到医务室，还是说这个同学我不认识，跟自己没关系呢？一个学校应该是奠定学生做人基础的场所。一个人不管有多少知识、有多少财富、有多高的地位，如果他不懂得做人的道理，这个人最终不会获得真正的成功和幸福。为此，希望大家能自觉遵守校规校纪，学校有了良好的运转秩序，才能培养良好的集体观念，有利于我们将来与周围的人加强互助与协作。"

三、辅导员教育

（1）辅导员带领大家学习《学生手册》中关于"学生违纪处分规定"的相关内容。

（2）辅导员对班风班纪给予肯定，希望同学们能继续保持下去。

四、班长宣读班级公约

（1）上课期间，不允许迟到、早退、旷课。

（2）晚自习和上课期间保持安静，晚自习讨论时，尽量不要影响他人。

（3）当天的值日生要做好卫生，把桌椅摆放整齐。

（4）不要出现晚归现象，更不能在宿舍抽烟、喝酒、赌博等，一经发现，在班上通报批评。

（5）积极参加学校举办的各种活动，提升自己各方面的能力。

活动小结

这次班会的召开，使同学们认识到了校规校纪对于规范大家的日常行为、养成良好行为习惯从而提高学生各方面素质的重要性。同学们不仅要将校规校纪牢记于心，而且要处处事事落实到行动上。

活动体会

第五课

关注校园安全

开课导读

安全是生命之源、幸福之本。关注校园安全是对学生生命的关怀，是对学生生命价值的尊重，更是对学生健康的保护。学生在努力学习文化知识和专业技能的同时，不能忽视对安全知识的学习。同时，学校也要加强校园安全管理，针对学生开展安全教育，以增强学生的安全意识。

思政小课堂

安全是人类生存、生活和发展的基础，也是社会存在和发展的前提与条件。当前经济与社会高速发展，离不开安全和谐的社会环境。学校作为社会的有机组成部分，肩负着教育和培训国家人才的重大职责，为广大师生提供了安全的学习环境。学生要警惕各种错误思想，加强时事政治学习，用正确的思想武装自己；要积极执行学校采取的各项防范措施，努力完成维护校园安全的任务，协助学校化解消极因素，建设和谐校园。

第一节 珍爱生命

正是有了生命的存在，世界才变得精彩。而在一切生命形式中，人是一种有思想的生命存在。人不会只停留在对物质生活的追求和满足上，而是会不停地尽力超越已有本我，为价值寻找出口，以实现思想的不断升华。要实现这一超越和提升，就要靠教育。

一、珍爱生命教育的科学内涵

生命是人类最珍贵也是最脆弱的东西，正如德国古典唯物主义哲学家费尔巴哈所说，生命价值是人类千百年来一直探索和追求的永恒主题。以生命的视角审视教学，不仅要关注学生理想信念的需要，更要关注其生命现实中健康、心理、精神的需要，把学生理解为同时具有自我保护生命力与自我完成生命的实体。思想政治教育中的珍爱生命教育，目的是通过让学生获得珍爱生命的方法，并体现自身生命质量的完美性和完整性。

　　珍爱生命教育，顾名思义，就是关于生命的教育。生命教育是帮助学生认识生命、欣赏生命、尊重生命、爱惜生命，提高生存技能和生命质量的一种教育活动。生命教育作为一个新兴的教学门类，一出现就受到了大家的广泛关注，很多地方的学校已经将其纳入学校的教育教学体系。伟大的教育家陶行知曾说："为生活而教育。"教育的基本任务就是促使人认识世界、认识自我，帮助人掌握基本的生活技能，提升人的生命质量。有了这些对生命教育的最初思索，就可以在学生中开展生命教育，以帮助学生切实解决因生理、心理发育产生的思想道德迷失及轻视生命的问题，帮助学生树立正确的人生观、道德观，使学生身心得到自由、和谐的发展，成为充满活力、人格健全、个性鲜明的一代新人。

二、认识生命的意义

　　法国思想家罗曼·罗兰（图5-1）说："生命是这个世界上最崇高的礼赞。"生命只有一次，对于每个人都无比宝贵。人究竟为什么活着？如何活得幸福和快乐？自己的生命与他人的生命存在何种关联？每个人都不禁会在内心审视自己并向自己发问，希望寻找到这些问题的答案，发现生命的意义。每个人对于生命的意义都有着独一无二的理解，即使是同一个人，在自己生命的各个阶段也可能对生命的意义有着不一样的解答。但可以肯定的是，那些明

图5-1　罗曼·罗兰

白自己要什么、知道自己为什么活着的人，会拥有更加强大的力量去直面生活的打击与痛苦，也会更加用心经营生命，追求不断的自我发展与成长。

（一）坦然正视困境与死亡

　　困境是生命中不可避免的考验，家财万贯的商人可能会一夜破产，拥有天

籁之音的歌唱家可能会瞬间失声，身姿健硕的运动员可能会意外受伤，名列前茅的学生也可能会考试失利。生命是一个过程，除了鲜花与笑声，还会有荆棘与泪水。即使遭遇坎坷艰辛、困扰险阻，甚至死亡的威胁，也可以把这些理解为生命另一种动力的赋予，或许绝境反而是新的生命契机。

生命的意义不是索取，而是不计较个人得失的付出与给予。奉献是一种为成长和幸福所做的积极奋斗。每个人都应该拥有主动奉献爱的能力，不仅要爱自己、爱生活，更要爱他人、爱人民、爱祖国，用深厚的爱去感恩父母的艰辛和他人的善意，用博大的胸襟去包容社会万物的点点滴滴，让生命因为人情味和社会责任感而变得富有爱意。

（二）学会感恩与奉献

雷锋同志（图5-2），一名普普通通的人民子弟兵，却成为家喻户晓、亿万人民争相学习的楷模。他在日记本上写下的那句"人的生命是有限的，可是为人民服务是无限的，我要把有限的生命，投入到无限的为人民服务之中去"的话语被传诵至今。他的被子、衣物总是缝了又缝、补了又补，只为把节省下来的钱捐给需要帮助的人；他在列车上主动端水扫地，在工地上推车飞奔。他以朴实无华、勤俭节约、乐于助人的精神品质服务与回报了社会，奉献了自己的青春年华。

图5-2 雷锋

感恩与奉献的传递诠释了生命的意义：感恩是对生命给予的深刻领悟，奉献是对生命存在的最好回报。

三、学会自尊

自尊是一个人灵魂中不可或缺的东西，渊博的学识有助于学生获得自尊。对于渴求知识的人，人们往往另眼相待，因为一个人的学识能够代表一个人将来对社会、对人类的贡献。一个显而易见的事实就是，我们喜欢结交知识渊博的人，而学有专长的人更容易得到别人的认可与尊重。专心习得更多知识与技能就是获得自尊与他人尊重的资本。

学会自尊，就要学会奋发向上。只有奋发向上，我们才能加强修养，增强自尊心；只有奋发向上，我们才会有足够的智慧去维护自己的尊严。学会自尊，有时还需要耐得住寂寞、耐得住清贫。学会自尊要懂得开掘自身潜藏的富矿，对自己不丧失信心，哪怕是在山穷水尽的困境中，也知道天生我材必有用，明天的成功是必然，当然应付出十倍、百倍的努力。

"自知者英，自胜者雄"，所以说，真正懂得自尊的人，拥有百折不挠的品质。

四、尊重生命

在有能力帮助别人的时候，在努力不损害任何一个微小生命的时候，人们往往更容易感受到对生命的神圣感的尊重。

只有自爱的人才能爱别人。只有知道自己生命的珍贵，才会懂得珍爱他人的生命。尊重生命的人，才能有正确的价值观。然而，在当今社会，人们仿佛正在淡忘生命的可贵——对"物质"的贪欲，对"成功"的痴迷，正在使人们对生命的意义产生错误的认识。生命对每个人都只有一次，只有人们对这一现实有了真切的认识并做到尊重生命之后，社会才会稳定有序。

五、学会自我保护

（一）义正词严，当场制止

当我们受到坏人的侵害时，要在确保自身生命安全的前提下勇敢地斗争反抗，当面制止，绝不能让对方察觉自己软弱可欺。我们可以大喝一声："住手！你想干什么！"以起到震慑坏人的作用。

（二）处于险境，紧急求援

当自己无法摆脱坏人的挑衅、纠缠、侮辱与围困时，应立即通过呼喊、报警、给亲朋好友打电话、递纸条等适当办法发出信号，以求民警、解放军、教师、家长及群众前来解救。

（三）虚张声势，巧妙周旋

当自己处于不利的情况下，可故意张扬有自己的亲友或同学已经出现或就在附近，以壮声势；或以巧妙的办法迷惑对方，拖延时间以稳住对方，等待并抓住有利时机解除危机，不让坏人的企图得逞。

（四）主动避开，脱离危险

明知坏人是有备而来，自己又无法制服坏人时，应主动避开，让坏人扑空，脱离危险，并尽快转移到安全地带。

（五）诉诸法律，报告公安

如果受到严重的侵害、遇到突发事件或意识到问题较为严重，家长与校方无法解决的，我们应果断地报告公安部门，或向街道办事处、居民委员会、村民委员会、治保委员会等单位或部门举报。

（六）心明眼亮，记牢特点

遇到坏人侵害时，一定要记牢对方是几个人，他们大致的年龄与身高，尤其要记清楚直接侵害人的衣着、五官等方面的特征，以便事发之后报告与确认。凡是能作为证据的，尽可能多地记住，并注意保护好作案现场。

（七）堂堂正正，不贪不占

不贪图享受，不追求吃喝玩乐，不受利诱，不占别人的小便宜，因为往往就是贪图小便宜的人，容易上坏人的当。

（八）遵纪守法，消除隐患

自觉遵守校内外纪律与国家法规，做合格的社会公民。平日不与不三不四的人交往，不给坏人在自己身上打主意的机会，不留下让坏人侵害自己的隐患。如果已经结交坏人或发现朋友干坏事时，应立即彻底摆脱同他们的联系，避免被拉下水或被害。

综上所述，生命教育作为现代社会学科体系中的新成员，是人们重视生命、重视人权在教育体系中的表现，它开展的好坏将直接影响一代甚至几代人。对身体与思想都逐渐趋向成熟的学生来说，正确的生命教育将对学生的成长起到举足轻重的作用。

第二节　预防网络诈骗

安全是人的最基本需求之一，学生作为社会主义现代化事业的建设者和接班人，其安全问题不仅关系学校的和谐稳定，也关乎个人与家庭的幸福与安危。当今网络技术飞速发展，在构建起一个快捷、便利的虚拟世界的同时，也时刻充满着危机。如今的网络已经占据了人们的生活，很多资金的流转都是通过网络来进行，网络诈骗行为也日渐猖獗。互联网技术的不断进步，给人们带来便利的同时也带来了安全隐患，如何预防网络诈骗是每个学生都应该关注的。

一、网络诈骗安全知识

（一）网络诈骗

网络诈骗是指在互联网上以各种形式骗取他人财物的犯罪行为，其手法主要是通过假冒好友进行诈骗，如犯罪分子通过各种方法盗窃 QQ 账号、邮箱账号后，向受害人好友、联系人发布信息，声称遇到紧急情况，请对方汇款到指定账户。

（二）"网络钓鱼"诈骗

"网络钓鱼"诈骗是当前最为常见也是较为隐蔽的网络诈骗形式。所谓网络钓鱼，是指犯罪分子通过多种手段，试图引诱网民透露重要信息的一种网络攻击方式。主要有以下两种方式。

（1）发送电子邮件，以虚假信息引诱用户中圈

套。犯罪分子以垃圾邮件的形式发送大量欺诈性邮件，这些邮件多以中奖、对账等内容引诱受害人在邮件中填入金融账户密码，或是以各种紧迫的理由要求受害人登录某网页提交用户名、密码、身份证号、信用卡号等信息，继而盗窃受害人资金。

（2）建立假冒网上银行、网上证券网址，骗取用户账号密码实施盗窃。犯罪分子通过建立与真正的网上银行系统极为相似的网站，引诱受害人输入密码、账户等信息，进而盗窃资金。还有利用合法网站服务器程序上的漏洞，在站点的某些网页中插入恶意代码，屏蔽一些可以用来辨别网页真假的重要信息，来盗取用户信息。

二、常见的诈骗手段

（一）电信诈骗

犯罪分子通过冒充电信局等工作人员谎称受害人电话欠费，然后将电话转向假冒的公安人员，谎称受害人身份信息被冒用从而实施诈骗。

（二）网上中奖诈骗

犯罪分子发送虚假中奖信息谎称受害人中奖，要求受害者先支付领奖的手续费和运费。

（三）以勤工俭学为名的兼职刷单诈骗

犯罪分子通过 QQ、微博、微信等平台发布虚假网络兼职信息，声称给予受害人高额佣金，先做成几单小额业务骗取受害人的信任，再突然提高刷单金额，受害人刷单后不再返还刷单本金及佣金，并将受害人拉黑。

第五课 关注校园安全

（四）网上购物诈骗

犯罪分子通过网络窃取受害人购物信息，冒充客服拨打电话，谎称订单存在问题、商品需要退换等，让受害人登录钓鱼网站，套取受害人银行卡卡号和密码后转走受害人存款，或通过 QQ、微信等给受害人发送支付码要求受害人扫码付款。

（五）网络贷款诈骗

兼职时身份证信息泄露遭遇被贷款；贷款时掉入网贷陷阱；分期购物或是以贷还贷陷入高利贷陷阱；遭遇求职贷陷阱，接受贷款培训才能获得工作机会；替公司做担保，背上巨额债务。

（六）申领助学金、奖学金等诈骗

犯罪分子通过非法渠道获取目标群体个人信息，以发放贫困补助、助学金、奖学金等理由，骗取受害人信任，引导受害人登录钓鱼网站进行转账或到 ATM 机进入英文界面转账。

（七）冒充公检法人员诈骗

犯罪分子冒充公检法、邮政工作人员，谎称受害人身份信息泄露被人用来犯罪，导致法院有传票、邮包内有毒品、涉嫌犯罪等，以传唤、逮捕或冻结受害人名下存款等手段进行恐吓，要求受害人提供安全账户进行验资以证清白，引诱受害人将资金汇入犯罪分子指定的账户。

（八）盗取 QQ、冒充熟人诈骗

犯罪分子利用木马病毒盗取受害人QQ后，向受害人好友列表联系人发送借钱、刷单兼职等信息，引导受害人的好友转账。

三、防范网络诈骗的方法

（1）不要主动与对方联系，拨打所谓的咨询电话，这样会使自己一步步上钩。

（2）不要过分依赖网络，遇到有人借款，要牢记"不决断，晚交钱，睡一觉，过一天，再找亲人谈一谈"的口诀。对方要求现在寄钱，我们可以说等一等，明天再说（不决断，晚交钱）；一般睡一觉到第二天早上起来头脑清晰，能够提高判断能力（睡一觉，过一天）；找同学、室友、亲人谈一谈，大家聊一聊再判断（再找亲人谈一谈）。

（3）一旦发觉对方可能是骗子，马上停止汇款，不再继续交钱，及时止损。

（4）马上进行举报，可拨打官网客服电话、学校保卫处电话、当地派出所电话或"110"报警电话向有关部门进行求证或举报。

预防电信诈骗

第三节 抵制校园霸凌

或许在一些人的眼中，玩笑与欺凌，打闹与伤害，并不是泾渭分明的，所以大家对校园欺凌乃至校园暴力的恶劣性质没有明确的认识。近年来，校园暴力频频发生，不仅伤害学生身心健康，也冲击着社会道德底线。

一、校园欺凌的概念

校园欺凌是指同学间欺负弱小、言语羞辱、敲诈勒索，甚至暴力殴打等行为。校园暴力一般是指发生在学校校园内、学生上学或放学途中、学校的教育活动中，施暴人蓄意滥用语言、躯体力量、网络、器械等，对师生的生理、心理、名誉、权利、财产等实施的侵害行为。

《中华人民共和国刑法》第二百三十四条规定：故意伤害他人身体的，处三年以下有期徒刑、拘役或管制。犯前款罪、致人重伤的，处三年以上十年以

下有期徒刑；致人死亡或以特别残忍手段致人重伤造成严重残疾的，处十年以上有期徒刑、无期徒刑或死刑。本法另有规定的，依照规定。

学生在学校受到欺凌的，根据不同情况，会受到《中华人民共和国未成年人保护法》、《中华人民共和国治安管理处罚法》和《中华人民共和国刑法》的保护。欺凌者若年龄较小，不能受到处罚的，可以由家长进行教育，让其对受害者进行道歉和赔偿；能对其进行处罚的，可以对其进行治安处罚和刑事处罚。

二、欺凌行为的典型表现

（1）给受害者起侮辱性绰号；指责受害者无用；用粗言秽语谩骂受害者。

（2）使用身体或物件对受害者进行重复性的物理攻击，如拳打脚踢、掌掴拍打、推撞绊倒、拉扯头发等。

（3）侵犯受害者的个人财产权，损坏其教科书、衣服等，或通过这种行为嘲笑受害者。

（4）欺凌者明显比受害者强，而欺凌行为是在受害者未能保护自己的情况下发生的。

（5）传播不利于受害者的无端谣言和闲话。

（6）恐吓、威迫受害者做不想做的事情，威胁受害者服从命令。

（7）让受害者遭遇麻烦，或令受害者招致处分。

（8）中伤、讥讽、贬损受害者的体貌、性取向、宗教、种族、收入水平、国籍、家人或其他。

（9）孤立、抵制或排挤受害者。

（10）采用威胁手段强制索取受害者财物。

（11）画侮辱受害者的画。

（12）网暴受害者，即在网络上发表具有人身攻击成分的言论。

三、校园暴力中施暴者可能承担的法律责任

（一）民事责任

校园欺凌（校园暴力）往往伴随伤害的行为，由此伤害行为所产生的医疗

费用及相关的财产损失，由欺凌者及其监护人来承担。在这里需要提醒的是，人身损害赔偿的诉讼时效是一年，伤害明显的，从受伤害之日起算；伤害当时未曾发现，后经检查确诊并能证明是由侵害引起的，从伤势确诊之日起算。

（二）行政责任

校园欺凌（校园暴力）情节较轻的，行为人年龄在 14 周岁以上的，一般会被公安机关依照《中华人民共和国治安管理处罚法》的规定进行处罚，对其给予行政处罚后，并不影响当事人向人民法院提起民事赔偿的诉讼；行为人不满 14 周岁的，公安机关责令监护人加以管教。

（三）刑事责任

校园欺凌（校园暴力）使被害人伤情达到轻伤及以上，一般会按故意伤害罪进行处罚，通常行为人已满 16 周岁，应当承担刑事责任，其中故意伤害致人重伤或死亡的，14 周岁以上就应当承担刑事责任；已满 12 周岁不满 14 周岁的行为人犯故意伤害罪，致人死亡或以特别残忍手段致人重伤造成严重残疾，情节恶劣，经最高人民检察院核准追诉的，应当负刑事责任。

减轻或免责：对于情节较轻的，行为人及其监护人通过积极向被害人赔礼道歉、赔偿损失等方式，取得被害人的谅解后，可以酌情从轻、减轻或免除处罚。

四、如何应对校园暴力

校园暴力是法治问题，更是教育问题。校园欺凌、校园暴力产生的主要原因是暴力文化的泛滥，家庭教育、法治宣传的缺失。学生应对校园暴力的措施包括以下几点。

（1）如果遇到校园暴力，一定要保持镇静，不要惊慌。采取迂回战术，尽可能拖延时间，有勇有谋地保护自己，争取求救机会。

（2）必要时向路人呼救求助，采用异常动作引起周围人的注意。

（3）人身安全永远是第一位的，不要激怒对方。

（4）当自己和对方的力量悬殊时，要通过理智和有策略的谈话或借助环境来使自己摆脱困境。

（5）遇到自己和对方力量相差不大时，可以考虑使用警示性的语言来击退对方的企图。但要避免使用恐吓性的言语，以免适得其反。

（6）如果遭遇校园暴力事件，一定要及时跟家长和老师沟通情况，不要在忍气吞声中默默承受身体和心理上的创伤。

（7）如果遇到校园暴力事件后，在心理上出现害怕上学、害怕出门、交友焦虑等情况，要及时与专业人士交流，从心理层面寻求帮助。

（8）遭遇校园暴力后，要第一时间和学校沟通，并拿起法律的武器保护自己。

急救常识小讲座

活动目标

1. 通过学习，充分了解学习和生活中的急救安全知识，增强安全观念。
2. 培养自护、自救的能力。

活动导入

主持人：急救常识与人类生活密切相关，给我们的日常生活带来了极大的便利。今天这节主题班会课，我们就共同来了解急救常识。

活动环节

一、主持人发言

同学们生活在幸福、温暖的家庭里，受到父母和家人的关心、爱护，看起来似乎并不存在什么危险。其实，生活中仍然有许多事情需要倍加注意和小心对待，否则很容易发生危险，酿成事故。同学们，让我们行动起来，学习和掌握自护自救的知识，团结互助，从容地面对危险和挑战，让我们与自护相伴，与平安同行。

二、知识问答

（1）路口的交通指挥信号有哪些？

（2）如果炒菜时，油锅突然起火，在你面前放有三样物品：锅盖、灭火器和水，你会采用哪样物品进行处理？

（3）刚吃过晚饭，小亮就收拾东西去游泳，这样对吗？为什么？

三、讨论：我们应该注意哪些方面的安全

同学们，面对危险的时候，我们要懂得自护自救。在日常生活中，我们应该注意哪些方面的安全？

点拨：

1. 用电安全知识

（1）认识了解电源总开关，学会在紧急情况下关断电源。

（2）不用湿手触摸电器，不用湿布擦拭电器。

（3）电器使用完毕后应拔掉电源插头。

（4）使用电器的过程中发现电器有冒烟、冒火花、发出焦糊的异味等情况，应立即关掉电源开关，停止使用。

（5）发现有人触电要设法及时关断电源，或用干燥的木棍等物将触电者与带电的电器分开，不要用手直接救人。

2. 安全使用煤气

（1）燃气器具在工作时，人不能长时间离开，以防火焰被风吹灭或被锅中溢出的水浇灭，造成煤气大量泄漏而发生火灾。

（2）使用燃气器具时应充分保证室内的通风，保持足够的氧气，防止煤气中毒。

3. 游泳注意事项

（1）游泳前需要经过体格检查。

（2）要慎重选择游泳场所。

（3）下水前要做好热身运动。

（4）饱食或饥饿时、剧烈运动和繁重劳动后不要游泳。

（5）水下情况不明时，不要跳水。

（6）发现有人溺水时，不要贸然下水营救，应大声呼唤成年人前来相助。

4. 交通安全知识

（1）在道路上行走，要走人行道；没有人行道的道路，要靠路边行走。

（2）集体外出时，要有组织、有秩序地列队行走。

（3）在没有交通民警指挥的路段，要学会避让机动车辆，不与机动车辆争道抢行。

（4）穿越马路时，要遵守交通规则，做到"红灯停，绿灯行"。

（5）骑自行车要在非机动车道上靠右边行驶。

5. 火灾安全知识

（1）拨打火警电话"119"报警，报警时要向消防部门讲清着火的地点、什么物品着火、火势如何。

（2）一旦身受火灾的威胁，千万不要惊慌，要冷静，想办法脱离火场。

（3）逃生时，尽量采取保护措施，如用湿毛巾捂住口鼻、用湿衣物包裹身体。

活动小结

通过这次主题讲座，进一步增强学生的安全意识和自我保护意识，掌握一些自救的本领，懂得珍惜生命，健康成长。

活动体会

第六课

身心健康管理

开课导读

　　身心健康状况与人们的生活品质息息相关，也是获得幸福、成功的人生的前提保障。对于中职生而言，其身心发展正处于可塑性较强的时期，健康的身体和良好的心态也在此阶段逐渐形成和完善。没有强健的体魄可能会被社会淘汰，没有强大的内心可能会做出伤害自己、伤害他人、对社会造成不良影响的事情。由此可见，中职生维护好自身身心健康，对于其自身、周边的亲朋好友，乃至整个社会都是非常重要的。

思政小课堂

　　健康与人们息息相关，它渗透于生命中的每一分每一秒，反映在生活的方方面面。然而，健康又是容易被人们忽视的一方面。体魄强健，心理素质过硬，均是学生成才的基本要求，也是其今后事业成功的基础。

第一节　自我认知、自我塑造

一、了解个人身心健康的重要性

　　身心健康对于一个人的发展是极为重要的。在孩提时代，身体健康的小孩有更多接触外界的机会，更有利于其身心的全面发展；在学生时代，身心健康的学生往往更能取得优异的成绩；踏入社会，求职面试时，身体健康、身材匀称的人给人以干练、能力强、可信赖的印象，同等条件下更能脱颖而出；自主创业或参加各种竞选时，体魄健康的人更有号召力、更富威信；人到暮年，身体健康才可尽情享受年轻时的奋斗成果，颐养天年。由此可见，身体健康对于人的整个人生的发展影响很大。

二、了解自身目前身体健康状况

要维护自己的身体健康，首先应该了解自身目前的身体状况，这样才可以找到目前身体健康上的问题，对症下药。学生可以根据世界卫生组织提出的衡量人体健康的（此处的人体健康包括体质健康和心理健康）十条标准，对自身做如下测试。

（1）有充沛的精力，能从容不迫地担负日常生活和工作的压力而不感到过分紧张。

（2）处事乐观，态度积极，乐于承担责任。

（3）善于休息，睡眠良好。

（4）应变力强，能适应环境的各种变化。

（5）能够抵抗一般性感冒和传染病。

（6）体重得当，身材匀称，站立时头、肩、臂位置协调。

（7）眼睛明亮，反应敏锐，无眼疾。

（8）牙齿整洁，无龋齿，无痛感；牙龈颜色正常，无出血现象。

（9）头发有光泽，有营养。

（10）肌肉、皮肤富有弹性，走路轻松有力。

第二节　拥有健康体魄

一、注意学习健康知识

一个人想要达到健康状态不是一蹴而就的事情，需要一个认识、学习、实践的过程。首先，要树立正确的健康观，并学习基本的健康

知识，包括基本的人体生理常识、营养卫生知识、健康生活方式知识、疾病预防知识、安全及自我防卫知识、心理卫生知识和环境卫生知识等。学会这些知

识可以帮助同学们用科学的方式来保护自己的身心健康，促进正常的生长发育，养成良好的行为习惯，安全度过生命中最为重要的一段时期。其次，仅仅有了正确的健康观和基本的健康知识是不够的，还必须在自己的头脑里真正树立健康的意识并在实际生活中去执行，要用健康的行为方式来指导自己的日常学习生活，同时改变自己以往形成的不良生活习惯，只有这样才能享受到健康生活所带来的丰富、精彩的人生。

二、学会如何促进身体健康

（一）养成良好的生活作息习惯

练就健康体魄

有些学生有晚上熬夜打游戏、看书，早上或白天补觉的习惯，殊不知这些不规律、不健康的作息会破坏身体的机能平衡，特别是熬夜对人体的危害极大，长期熬夜对内脏和大脑都有损伤。同时，不规律的作息直接影响人的一日三餐。俗话说："人是铁饭是钢，一顿不吃饿得慌。"一日三餐能够对身体机能进行能量的补充，维持人体功能的正常运转，并且，一日三餐是由古人总结出来的饮食经验，每一顿饭都是人体所必需的。如果没有充足的睡眠，又不能够养成良好的生活习惯，身体免疫力就容易下降，健康状况必然受到影响。生物钟失调对眼睛及脑部的伤害比较大，时间长了甚至会出现体力不支、易累、心烦等现象。因此，良好的生活习惯是十分重要的。

（二）注意自己的饮食习惯

从中医饮食保健的特点来说，健康的饮食习惯应是在以素食为主的基础上，力求荤素搭配，全面膳食（图6-1）；不偏食，不过量，不废食；注重协调阴阳、脏腑。学生应该注意在日常饮食中，不能只根据自己的喜好吃单一的食品种类或经常吃过于辛辣、刺激性的食物，让饮食带来的负荷超过了身体能承载的极限范围。同时，特别是女生，不能为了盲目减肥而节食。近几年，女生的减肥

队伍越来越庞大,为了保持身材苗条,有的人甚至整天不吃饭,只吃减肥药品,不仅把身体搞坏了,还会在心理方面形成一种疾患。减肥要适度,一切活动都是在健康的基础上进行的。同时也要注意,不能挑食和偏食。现在社会学生普遍存在挑食和偏食的现象,要么暴饮暴食,要么吃不下几口就倒掉,没有家长的约束管理,学生很容易放纵自己。想吃就吃,不想吃就不吃,这样不规律的饮食对身体,尤其是对胃的危害是比较大的。学生一定要爱惜身体,不能仗着年轻就肆意妄为,身体其实并没有很多人想象中那么强壮。

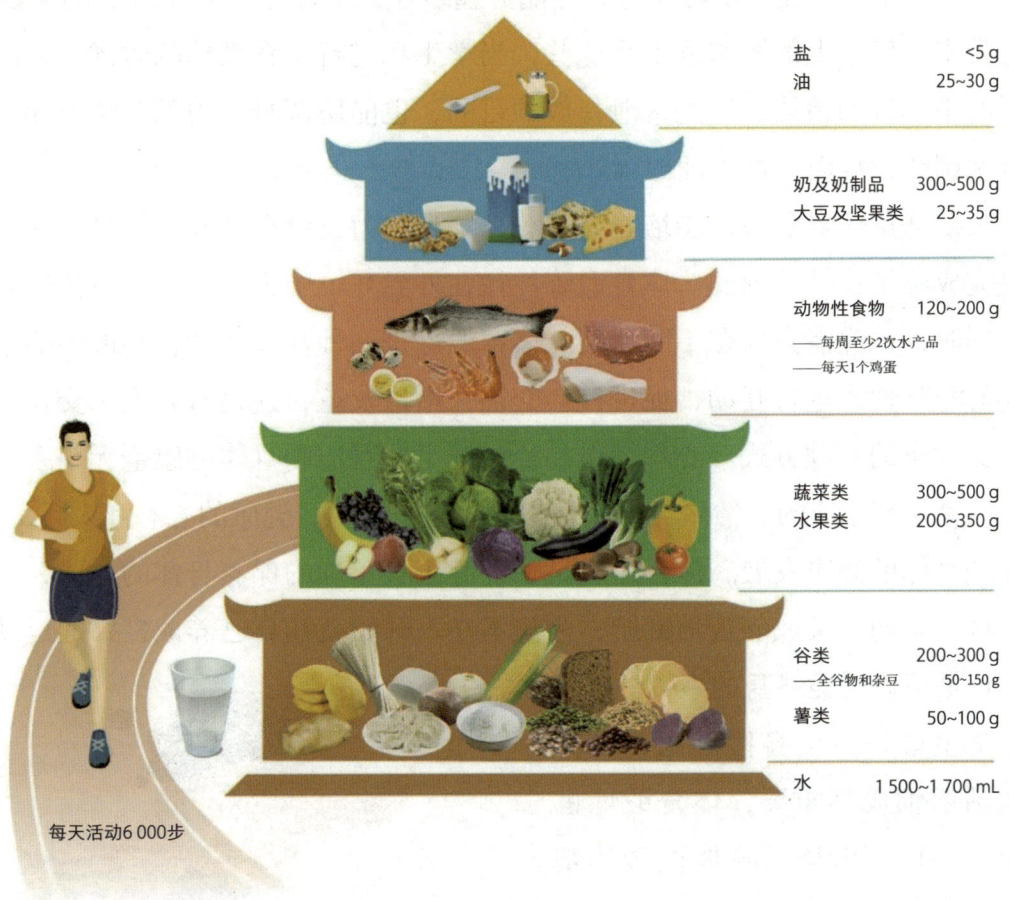

图6-1 中国居民平衡膳食宝塔(2022)

(三)保持一定的运动量

生命在于运动,体育和健康两者之间有着千丝万缕的联系。"体育"一词,不止"体育运动"这一个意思,其含义是指以人体运动为基本手段,增进健康,提高生活质量的教育过程和文化活动。体育锻炼能促进血液循环和增加骨骼对血的供应，促进骨骼吸收营养物质。同时，体育锻炼中的各种动作，也有促进骨骼生长的良好刺激作用。适当的体育锻炼能增强体质，加快人体的血液和物质循环，长期坚持体育锻炼有延年益寿的功效。很多学生觉得体育锻炼是在浪费时间，还不如做一些其他有意义的事情，又或是单纯不爱动、不想出汗。研究表明，一个健康的青年连续在床上躺9天，他的心脏循环系统、呼吸系统及新陈代谢能力下降了21%，心脏容积缩小了10%。学生进行适当的身体锻炼是有好处的，不仅能缓解学习压力，还能劳逸结合，使智力水平得到充分的发挥。体育带来的健康上的影响远不止这些，当学生在进行体育锻炼的时候，既能够舒缓心中不好的情绪，达到发泄释放的目的，也能协调身体内部各个方面进行平衡和调整，从而促进心理健康。

长期坚持体育锻炼，能培养人的毅力和自制力，没有良好的持之以恒的决心是完成不了长期计划的。体育锻炼往往在外界环境中进行，学生身体得到锻炼的同时，适应能力也在不断提高。体育锻炼是一种社会活动，在锻炼的过程中容易与其他人进行互动，促进社会交往，增进友谊，这是打开人际交往、促进社交健康的一种方式。心理健康和社交健康，看似和身体健康毫无关系，其实三者是相辅相成的。情绪与生理是相通的，正常的、健康的心态和人际交往，能促进身体的健康发展。体育运动是一种健康且正确的保养身体的方式，与其在生病时吃药，又或痛苦地减肥，为何不在一开始就让自己养成良好的运动习惯？这是可以受益终身的事情。

学生维护自己身体健康，规律的生活习惯固然重要，体育锻炼也很重要。体育锻炼是身体健康的基础，身体健康是体育锻炼的目标。在进行体育锻炼的同时，更重要的其实是培养自己的自爱、自强、自制意识。我们要在潜意识里知道珍惜健康的身体、珍爱宝贵的生命。

第六课　身心健康管理

第三节　打造阳光心态

现今,心理健康问题越来越受到大众的关注,学生的心理健康问题也不容忽视。怎样才是心理健康的表现、如何维护心理健康等问题需要学生密切关注。

一、中职生常见的心理问题

(一)厌学心理

目前,部分中职生存在较严重的厌学问题。厌学指学生厌恶学习或厌倦学业的情况,包括厌学情绪、厌学态度和厌学行为,严重者称厌学症。它通常表现为情绪上厌倦学习,态度上消极甚至对抗学习,行为上被动应付或逃避学习;在具体行为上通常表现为上课无精打采,注意力不集中,不关注自己的学习成绩,不在意家长、教师的批评,成绩不断下降。严重的厌学情绪会引发学习适应障碍、学校恐惧症,甚至逃学。

中职生厌学有多种原因,有个人的原因,也有家庭的原因,具体表现在以下几个方面。

1. 缺乏学习的动机

部分中职生由于受知识、经验、家庭教育等因素的影响,认为学习的目的就是要一张毕业证,找到一份工作。他们难以理解学习的真正目的,更不能将自己的学习和自己未来的发展真正联系起来,缺乏理想和目标。

2. 缺少成功的体验

有些中职生学习基础薄弱,学习上较吃力,较少体验到学习的成功。因此,他们对学习逐渐失去信心,形成习得性无助感,从而产生厌学情绪。

3. 家庭环境不良

有些中职生生活在离异家庭中,还有一些中职生的家庭关系紧张,父母经常吵架。在这种家庭中长大的中职生缺乏正确的教育引导和安定的学习环境,渐渐对学习产生厌倦的心理。

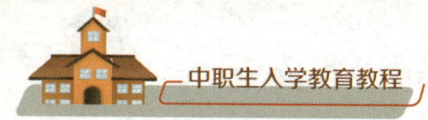

4. 师生关系紧张

个别中职生不遵守课堂纪律，如上课讲话、睡觉、离开座位乱走等，导致一些教师对学生缺乏耐心，一味地批评学生。这往往会使中职生对教师产生反感、抵触情绪。这种紧张的师生关系是导致中职生厌学的一个重要因素，即由讨厌任课教师到讨厌所学科目，最终导致讨厌学习。

（二）人际交往障碍

中职生的人际关系主要包括师生关系、同学关系、家庭关系、异性关系等。社会心理学家认为，复杂微妙的师生关系、同学关系、家庭关系、异性关系，使中职生的内心充满了困惑和矛盾，若不及时疏导，势必影响其身心健康，严重的甚至影响中职生健康人格的形成。

中职生常见的人际交往障碍有以下几种。

1. 认知障碍

认知障碍在人际交往中，特别是对于青年学生这一交往主体而言，表现突出而常见，这是由中职生的交往特点所决定的。中职生在这一年龄阶段，自我意识迅速增强，开始了主动交往，但其社会阅历有限，客观环境的限制使其不能够全面接触社会，了解人的整体面貌，心理尚未成熟，因而人际交往中常又带有理想的模型，并据此在现实生活中寻找知己，一旦理想与现实不符，则可能会产生一些负面的情绪。

 案例分享

积极参加社团，在社团活动中发挥积极力量

小刘同学对学生社团非常向往，刚入学不久便迫不及待地加入了几个社团，但是过了几个月后便心情沮丧，做事失去了动力，退出了所有的社团。经过分

析了解，原来小刘同学发现这些社团并没有自己预期的那么好，并且存在很多自己不能接受的问题，如做事效率低、负责人领导力不强、缺乏凝聚力、会议讨论内容令人乏味、琐事太多、没有收获等。

学生社团是学生实践自我、锻炼自我的平台，是学生踏入社会之前的无风险模拟场，它丰富了学生的课外生活，使得他们的人际交往能力、组织管理能力，耐心、恒心、责任心等得到很好的锻炼和提高。当然，学生社团也存在某些不完善的方面，这些不完善是引发许多学生产生抵触情绪的因素。

另一个特点是以自我为中心，即仅从自己的需要出发来衡量交往中的对方。例如，认为自己赞成的意见别人也会赞成，当遇到人际冲突时，首先看到的是对方如何没有满足自己的需要，而没有意识到自身在人际冲突中所应担负的责任。这样的认知特点如果长期持续且未得到矫正，则可能使人际认知失去客观性，从而带来交往上的困难。

2. 情感障碍

人与人之间的交往常由感情而萌发，情感成分是人际交往的重要部分。中职生由于感情丰富、变化快，有时对人对事过于敏感，不重客观，重一时不重全面，从而使人际交往缺乏稳定性，并由此引发各种困扰。

3. 能力障碍

人际交往能力的欠缺也是影响人际交往的原因之一。当前，有部分中职生缺乏交往的经验，尤其是成功的经验。他们想关心他人，但不知从何做起；想赞美他人，可怎么也开不了口或词不达意；交友的愿望强烈，然而总感觉没有机会；交往中想表现自己，却不能如愿。这些都会给交往的顺利进行造成一定的障碍。

（三）挫折应对

中职生遭受挫折归纳起来有两大原因：一是个体内部原因，包括才智因素、非智力因素、品行因素、身心素质因素等；二是个体外部因素，包括自然环境因素和社会环境因素。

进入职业学校，许多学生开始尝试从对父母和家庭的依赖中摆脱出来的独立生活。新的环境、新的起点、新的需要迫使他们必须独立思考和解决问题。

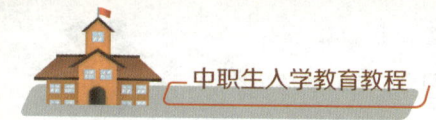

对所有学生而言，这都是一个难关。逾越这个难关，绝不是一帆风顺的，必然遇到许多挫折。中职生常见的挫折主要源于以下几个方面。

1. 学习方面

中职学校的学习与普通高中的学习有很大的区别：普通高中学习是打基础，偏重知识学习；中职学校学习更偏重实际能力的培养。这使许多学生在进入中职学校后很不适应，习惯的那一套学习方法不管用了，暂时又难以找到自己得心应手的方法，着急、烦恼、焦虑，从而产生挫折感。另外，中职生来源广，大部分中职学校在录取学生时并不依据成绩，学生成绩参差不齐，且选择专业不根据自身情况而凭兴趣选择，有一定的随意性。这也容易使学生产生挫折感，进而产生厌学情绪。

2. 人际关系方面

中职学校学生大多住校，他们生活在一个大的集体之中。在这样的环境中，同学们个性不同、来源不一，学习压力大，相互竞争比较激烈，缺乏人际关系的意识和技巧，同学之间可能有一些小的摩擦与冲突。中职生远离父母，本身就容易产生孤独感，如果再与同学的关系处理不好，就会产生强烈的挫折感。

3. 自我生活管理方面

与普通高中相比，中职学校生活相对要自由一些，中职生会有不少锻炼自己的机会。在中职学校有很多学生社团、学生活动，为了增长知识、提高能力，大家都积极地投身于各种活动之中。但人的精力毕竟是有限的，参加社团活动会占用大量时间，这可能在一定程度上影响学生的学习。社会工作的出色与学习成绩的落后形成鲜明的对比，这些学生往往很苦恼、很困惑，从而产生比较强烈的受挫感。

4. 自身定位方面

进入中职学校，意味着人生的重大转变，中职生一定要找准自己的人生定位。成为技能型人才应当是中职生的目标，但目前，社会上对中职生还存在一定的偏见，这种偏见也会在一定程度上影响中职生，因而一些学生感觉灰心、看不到希望，思想处于摇摆不定的状态，既不能离开学校另寻出路，又不能在学校安心学习。他们往往心有不甘，想上进却又缺少实际行动，内心常常忧虑不安。

第六课　身心健康管理

5. 就业方面

某些中职生因知识和能力的欠缺，对就业不了解，产生恐惧心理；也有中职生将就业的目标定得太高而难以实现，在就业过程中屡次失败，从而产生较强的挫折感。

二、中职生常见心理问题的指导

（一）对中职生厌学状况的指导

中职生要想改变自己的厌学状况，需要从以下几个方面入手。

1. 明确学习目的，培养专业兴趣

中职生正处于求学和择业的关键时期，如果对未来没有一个明确的目标，或者不能将生活目标和学习相联系，缺乏学习动力，势必对未来的就业造成很大阻碍。因此，中职生要明确自己的人生目标和学习目的，要认识到，现代社会是一个终身学习的社会，进入中等职业技术学校学习不是人生的终点，而是人生新的起点。另外，培养自己的专业兴趣，了解本专业对自己、对社会发展的意义等，会使中职生更好地发挥自己的潜能，从而激发中职生有更明确的学习目标。

2. 讲究教育方法，改善师生关系

师生冲突是中职生中存在的一个普遍问题，但是这些冲突的发生不仅有学生的原因，有时也有教师的原因。例如，有的教师把学生的心理问题和品德问题混为一谈；当学生有异常行为时，教师只是批评责骂，这样就会给那些有心理问题的学生带来更大的心理伤害。教师和学生是平等的，教师不能用强制手段去逼迫学生接受教育与训练，也不应使用命令、训斥等方式对待学生，而要对学生采取友善、关心、热情的态度。

3. 采用心理辅导、心理咨询的方法

部分中职生的厌学状况过于严重，可能导致学校适应不良，甚至产生学校恐惧症。这时，简单地改变教育方法并不能取

得很好的效果。当学生发现自己有这方面的问题时，应到学校的心理辅导与心理咨询部门接受系统的心理辅导。

4. 充分利用每一次成功的机会和条件

中职生一定要树立学习的信心和勇气，充分利用学校创造的机会和条件体验学习的成功，逐渐对学习产生兴趣，提升学习基础，改变以往的厌学状况。另外，对于那些就业时需要较多基础知识的专业，要付出更多的耐心，从基础开始学习。

（二）对中职生人际交往障碍的指导

每个人在交往中都或多或少地出现这样或那样的问题。改善人际关系、加强人际交往，对中职生的学习、生活和心理健康都有重大意义。

1. 提高认识，掌握技巧

中职生要不断调整自己的认知结构，对人际交往形成一种积极、准确的认识，而不要把人与人之间的关系视为尔虞我诈。同时，中职生要加强对交往技巧的培养，促使交往双方达到心理相容。

中职生在人际交往中应尽可能地做到：①肯定对方。人类普遍存在着自尊的需要，只有在自尊心高度满足的情况下，才会产生最大限度的愉悦，才会对人际交往中对方的态度、观点易于接受。特别是处于青春期的中职生，自尊心极强，因而在交往中首先必须肯定对方、尊重对方，这是成功交往的基础。②真诚热情。人际交往中，要让对方感受到自己的真诚与热情，这样才能得到对方的肯定。所以在交往中，不但需要充沛的热情，同时也要坦诚言明自身的利益，显得真诚而又合情合理。这样，自然会得到对方的接纳，为成功交往架起一道桥梁。

2. 充分实践，改善交往措施

良好的人际关系是在交往中形成和发展起来的。中职生从入校的第一天起，只要注意加强交往的实际锻炼，良好的交往能力就一定会形成。初入校门的中职生在和一些不熟悉的人交往时，可以从一般的寒暄开始，之后转入中性话题，例如，来自哪个学校、姓名、有哪些业余爱好等；而后转入双方感兴趣的触及个人利益的话题，如工作、学习、身体等；最后便可随便交谈起来。这种交往

能锻炼自己使对方开口的本领与寻找相互感兴趣话题的本领。同时，良好的人际关系也有赖于相互的了解，相互了解有赖于彼此思想上的沟通，因此要注意常与人交谈，交换看法，讨论感兴趣的事情。这样，可以表达自己的喜怒哀乐，减轻内心压力。在沟通中求得主观世界与客观世界的平衡，有益于身心健康。但在沟通时，语言表达要清楚、准确、简练、生动。要学会有效聆听，做到耐心、虚心、会心，把握谈话技巧，吸引和抓住对方。

此外，一个人在不同场合具有不同角色，在教室是学生，在阅览室是读者，在商店是顾客。在交往活动中，如果心理上能经常把自己想象成交往对方，了解一下自己处在对方情境中的心理状态和行为方式，体会一下他人的心理感受，就会理解别人的感情和行为，从而改善自己待人的态度。这种心理互换也是培养交往能力的好办法。

3. 培养良好的交往品质

（1）真诚。真诚的心能使交往双方心心相印，肝胆相照，真诚的人能使友谊地久天长。

（2）热情。在人际交往中，热情能给人以温暖，能促进人的相互理解，能融化冷漠心灵的坚冰。因此，待人热情是沟通情感、促进人际交往的重要心理品质。

（3）克制。与人相处，难免发生摩擦冲突，克制往往会收到"化干戈为玉帛"的效果。克制是以团结为重、以大局为重，即使是在自己的自尊与利益受到损害时，也是如此。但克制并不是无条件的，应有理、有利、有节，如果是为一时苟安，忍气吞声地任凭他人无端攻击、指责，则是怯懦的表现，不是正确的交往态度。

（4）信任。你信任他人，他人才重视你。在人际交往中，信任就是要相信他人的真诚，从积极的角度去理解他人的动机和言行，而不是胡乱猜疑、相互设防。信任他人必须真心实意，而不是口是心非。

（5）自信。俗话说，"自爱才有他爱，自尊而后有他尊"，自信也是如此。在人际交往中，自信的人总是不卑不亢、落落大方、谈吐从容，而绝非孤芳自赏、盲目清高；对自己的不足有所认识，并善于听从别人的劝告，勇于改正自

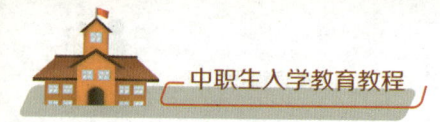

己的错误。培养自信要善于剖析自己，发扬优点，改正缺点，在社会实践中磨炼、提升自己，使自己尽快成熟起来。

（三）对中职生应对挫折的指导

绝大部分中职生处于青春发育期，活泼好动，思维活跃，对外部世界充满了好奇和希望。他们富于理想，爱好探索，但难免碰到困难和障碍。如果克服这些困难，便会产生成功的愉悦和满足；反之，就会产生挫折感。如果不能从挫折中及时走出来，挫折会对人构成严重的威胁和沉重的打击。挫折在人们的生活中是不可避免的，能否经得起挫折不仅取决于个体经受挫折时的心理状态，对挫折的认识、评价和理解，还取决于个体对待挫折的态度及应对挫折的行为方法。中职生在遇到挫折时，可以从以下几个方面进行调整，以不断增强自己的挫折承受力，更好地应对挫折。

1. 正确对待挫折

挫折具有双重性，它既有消极的一面，也有积极的一面。个体经过挫折之后，通过总结经验教训，寻找自身的不足，可以更好地促进个人的发展，同时还能够磨炼性格和意志，增强创造力和智慧，增长知识和才干。当受到挫折后，中职生要冷静客观地分析自己的目标、方法、阻力和助力，找出造成挫折的真实原因，对挫折做出符合实际的准确归因。

2. 改善挫折情境

挫折情境是产生挫折和挫折感的主要原因，如果挫折情境得以消除或改善，挫折感自然会随之发生变化。对挫折情境的改善需要注意以下问题：尽可能采取及时有效的防范措施，预防挫折的产生；当挫折发生之后，认真分析原因，不断努力改变那些可以改变的挫折情境；努力减轻挫折引起的不良影响，尽快从挫折中脱身。

3. 调节抱负水平

每个人都在追求一定水平的目标，但目标水平的高低和所确定的标准是否合适却是一个关键。抱负水平过低，个体的身心潜能处于被埋没的状态，会产生由空虚、苦闷、不满足感所造成的挫折感；抱负水平过高，个体力不从心，达不到自己希望的目标，就会产生失败感，打击自己的自信心和自尊心。因此，

确定适度的抱负水平可以减少挫折，获得自信，是自己得以顺利发展的一个重要条件。

4. 合理运用挫折防卫机制

挫折会使个体受到威胁和伤害，并引发焦虑、自卑、痛苦等情绪，使人的心理平衡遭到破坏。此时，学习运用心理防御方式可以使个体的内在心理具有一种摆脱痛苦、减轻不安、恢复情绪稳定、达到心理平衡的适应性倾向。心理防御方式是指个体遭受挫折而产生紧张的情绪状态时，其心理活动中具有的自觉或不自觉地摆脱烦恼、减轻不安，以恢复情绪的平衡与稳定并适应挫折情境的方式，即个体遭受挫折后用自己所能接受的方式来解释和处理冲突，避免引起更大的痛苦和不安，是一种保持情绪活动平衡和稳定的心理机能。

健康知识讲座

活动目标

1. 通过了解心理健康与身体健康的概念，认识身心健康的重要性。
2. 懂得心理健康与身体健康的关系，为今后的社会生活打下坚实基础。

活动导入

主持人：你认为生活中最重要的是什么？（健康、亲情、友情、美貌、品质等）

组织形式：小组讨论、汇总。

主持人：同学们，人们对健康的要求越来越重视，健康是全人类的头等大事。每个人都希望自己健康，只有拥有健康才能拥有一切。可是什么是健康呢？人们总是习惯把不生病的人说成是健康的人，这是不完全正确的，还有人认为身体强壮就是健康，这种理解也不够全面。究竟怎样才算是健康呢？联合国世界卫生组织提出健康的含义是：在心理上、身体上和社会交往上保持健全的状态。

　　人体是一个统一的整体,这不仅指身体各器官、各系统经过神经系统的整合作用而形成一个相互影响、相互制约的统一体,还指人的心理和生理相互作用、相互影响而构成一个整体。

活动环节

一、各小组讨论"心理健康与身体健康"

点拨:

（1）身体健康是指无身体疾病和缺陷,体格健壮,各器官系统机能良好,有较好的适应能力和对疾病的抵抗能力等。

（2）心理健康是指人们对于心理变化的影响及自身的变化能够适应,并保持协调一致。从心理学角度分析,它包括以下三层含义:心理健康是指较长时间内的持续的心理状态而不是短暂的;心理健康是个体应有的状态,反映社会对个体心理的最起码要求,而不是最高的心理境界;心理健康是个体在适应社会生活方面所表现出来的正常、和谐的状态,包括身心知觉明确,能正视自己的生理和心理特质,情绪稳定、乐观,有生活目标,能够胜任工作,人际关系和谐等。

二、各小组讨论学生心理健康的内容和要求

（1）自觉。心理健康的学生不把学习看成负担,愿意学习,努力掌握知识技能,自觉完成学习任务,经刻苦努力取得优秀的成绩,能从自己的实际出发,不断地追求新的学习目标。

（2）自持。心理健康的学生情绪稳定,乐观,表现适度,易控,不为一时的冲动而违反学校纪律,不为学习中遇到的困难而焦虑重重,始终保持活泼、开朗、稳定、豁达,充满朝气。

（3）自知。心理健康的学生,对自己的相貌、体型、体质、生理特点、体能、气质、性格品德和智慧等方面都有比较全面的了解,清楚地知道自己的优点和缺点。

（4）自爱。心理健康的学生对自己的生理特征、心理能力及自己与周围现实的关系有全面的认识,个人的理想、目标、行动能够跟上时代的发展,并与社会要求一致,既不孤芳自赏,也不自惭形秽,不论自己长得美丑,有无生理

缺陷，有无疾病，智力能力水平高低，都能喜欢、悦纳自己。不管周围环境优劣、条件好坏，都能从实际出发，努力适应。

（5）自尊。心理健康的学生尊重自己也尊重别人，乐于与人交往，能与周围的人保持良好的人际关系。对教师、长辈尊敬、有礼貌，对同学信任、互敬、互爱、互助、互让，对儿童和残疾人表现出同情、尊重、爱怜并热心帮助。

（6）自强。心理健康的学生自信自己的存在会对社会、对人民有价值、有意义，进而确定远大理想。为了实现自己的理想，他们能从自己的实际出发，制定切实可行的生活目标，努力把自己锻炼成德、智、体、美、劳全面发展的人才。

（7）自制。心理健康的学生有法制观念，遵守社会公德、行为规范及学校纪律，个人服从集体、服从社会。能约束自己的行为，不断改正缺点，使自己的行为规范化、社会化。

很多学生把心理不健康（心理异常）理解为心理疾病，这种看法是错误的。我们千万不能把心理不健康（心理异常）看成一种病态，只有异常到严重程度才是心理疾病。那么我们学生通常能遇见哪些不良的心理状态呢？

三、常见心理异常及分析

（一）焦虑

资料：某学生平时成绩很好，但一遇到重要考试，就会出现心慌、心痛、失眠等现象，考试就考不好，这就是过度焦虑的心理现象。

焦虑是一种紧张、压抑的情绪状态。每个人都有过不同程度的体验，学生的焦虑多数源于学习情境，人人都会有的。对于大多数学生来说，没有焦虑或焦虑程度过高、时间过长都不好。短时的低焦虑能促进学习，如考试期间，有一定的心理压力、紧迫感，会约束自己努力复习功课；而过度的焦虑会产生过分的担忧，表现为心慌意乱、烦躁不安、易发脾气等。许多焦虑在发作时常伴有种种不适感，如心慌晕厥、胸闷气急、恶心腹泻等。那么如何克服焦虑呢？焦虑时可以放下手中的事情，去参加体育活动，把心中的焦躁化为身体能量排出体外，也可以把心中焦急烦恼的事情写下来或倾诉给朋友听，来缓解自己的情绪。

（二）抑郁

资料：据世界卫生组织最新统计，全球目前至少有 2 亿人患有抑郁症，抑郁症患者常伴有痛苦的内心体验，是世界上最消极悲伤的人，抑郁症号称"第一号心理杀手"。那么如何克服抑郁心理呢？学生可多参加文娱、体育活动，在文体活动中忘情地说笑，从而使得心情变得愉快；也可多与好友谈心，把不良的抑郁情绪宣泄出来；还可多参加班级集体活动，通过活动的成功增强自己对生活的信心，同时感受集体的温暖和力量，增强生活的动力，从而减轻情绪上的抑郁程度。

（三）嫉妒

资料：怀有嫉妒心理的人心胸较为狭窄，目光狭隘而短浅。但不是只有这种人才会有嫉妒心理，其实每个人都会有嫉妒心理。

嫉妒是一种不正常的心理状态，是对他人的才能、地位强于自己时产生的一种怨恨。嫉妒的心理是想尽办法排挤对方，而不是使自己卧薪尝胆、奋发努力、设法赶超。因此嫉妒是人际交往的一种障碍，嫉妒不仅害人，同时也害己。

四、辅导员发言

刚才大家的讨论都很精彩。有了强健的体魄，我们才能胜任各种艰难复杂的工作，才能完成各种学习任务，才能精神百倍、意气风发地去迎接生活中的种种挑战。只有身体和心理健康了，我们才可以体会到工作和学习的快乐，才会真正享受到生活的幸福和生命的美丽。

活动小结

心理健康是身体健康的支柱，身体健康是心理健康和正常社会交往的物质基础。一个人若是身体欠佳或是疾病缠身，自然会或多或少地影响其他两个方面。而心情不好或社会交往不正常，或在群体生活中关系紧张，也会在一定程度上影响身体健康。因此，要保持自己的健康，除了注意身体健康外，还要注意保持健康的心理状态和健康的社会交往。

活动体会

第七课
劳动创造价值

开课导读

纵观整个人类历史,我们不难发现,人类社会的进步离不开劳动。我们要充分调动劳动者的积极性、主动性和创造性,为社会创造出更多的财富。劳动分为体力劳动和脑力劳动,学生作为未来社会发展的重要推进力量,不光要有智慧的头脑和一个好身体,还要与时俱进。因此,当代最好的劳动者要德才兼备、一专多能。

思政小课堂

树立正确的劳动观念。美好的幸福生活从来不是靠在床上躺着、在桌前刷着手机就能获得的,而是需要我们用勤劳的双手、理性的思维创造出来的。学生必须树立正确的价值观和劳动观,给自己接下来的学习生活做合理的规划。

第一节 树立正确的劳动价值观

党的二十大报告进一步突出科教兴国战略、人才强国战略、创新驱动发展战略的地位,首次对教育、科技、人才进行"三位一体"统筹安排,做出了"全面贯彻党的教育方针,落实立德树人根本任务,培养德、智、体、美、劳全面发展的社会主义建设者和接班人,加快建设高质量教育体系,发展素质教育,促进教育公平"的战略部署,劳动教育第一次被写入党代会报告,再次彰显其在"全面培养人、培养全面的人"中的重要地位。劳动价值观是人们对劳动的根本看法和态度,包括对劳动的目的、价值、意义的认识及对劳动的态度。人们的劳动价值观影响社会发展的速度,也决定了一个民族的精神面貌。我国学生是青年的主体,也是未来的国家建设者,他们的劳动价值观不仅影响个人的命运和前途,而且影响着国家的命运和前途。

第七课　劳动创造价值

一、劳动教育的主要内容

（一）树立正确的劳动观念，懂得劳动的伟大意义

人类的历史首先是生产发展的历史，是劳动人民创造的历史；辛勤劳动是建设社会主义和共产主义的根本保证；劳动是公民的神圣义务和权利。

（二）培养热爱劳动的情感

养成劳动的习惯，形成以劳动为荣、以懒惰为耻的品质，抵制好逸恶劳、贪图享受、不劳而获、奢侈浪费等恶习。

（三）学习是学生的主要劳动

作为学生，应该勤奋学习，将来担负起艰巨的建设国家的任务，并且要正确对待升学、就业和分配。

劳动教育还要通过生产劳动和公益劳动等来实施。学生在校期间，要按照教学计划的规定，适当参加劳动。

二、对中职生实施劳动教育的重要途径

（一）生产劳动

教育与生产劳动相结合是我国教育方针的重要组成部分，也是现代社会发展的一种必然趋势，它既是发展生产力、促进社会进步的迫切需要，也是学校培养德、智、体、美、劳全面发展的社会主义事业建设者和接班人的根本途径。中职生应利用一切机会参与生产劳动，增长自己的才干。

（二）社会实践

社会实践活动是在新的历史条件下，贯彻党的教育与生产劳动相结合的方针，加强中职生劳动素质教育的有力措施，是推动中职生走与实践相结合、与工农相结合道路的有效途径。中职生应在学校的支持下，利用假期深入农村、牧区、厂矿企业等生产第一线进行社会实践，用自己的知识服务基层，在实践

中锻炼自己，通过与工人、农民共同劳动，亲身体验劳动人民为创造物质财富所付出的辛勤劳动，感受他们吃苦耐劳、无私奉献的高贵品质，丰富自己的社会经验，在劳动中磨炼意志，增强抗挫折能力，促进心理健康。

（三）公益劳动

研究表明，一个人在社会无偿劳动中贡献的力量越多，他就会越珍惜那些似乎与其个人没有直接关系的事物，并且会感受到光荣感、自尊感和成就感。中职生应关心他人、热心公益，积极参加扶贫助困等活动，要通过参加校内外各类志愿者活动，培养自己的集体主义精神和无私奉献精神，从而有效抵制个人主义、享乐主义和拜金主义等不良思想的侵蚀。

三、健全中职生劳动价值观

健全的劳动价值观不仅是在理论上认识劳动创造价值，还要在行动上通过劳动换取自己所需要的物质资料、精神奖励，更要在内心坚信通过个人的劳动、个人的努力才能体现人生价值，获得自己所需要的一切。更重要的是，社会要用劳动付出和劳动贡献来评价个人的价值，树立劳动光荣、劳动崇高、劳动至上的社会风气。因此，健全中职生劳动价值观的关键在于坚定学生的劳动创造价值、劳动光荣信仰。中职生劳动价值观的健全不是靠学生自身就能完成的，还需要学校、社会多方面的长期努力。

第二节　劳动精神、工匠精神

一、劳动精神

（一）劳动精神的内涵

劳动所体现出的人文精神，代表一个时代的精神风貌，展示了中华民族的顽强拼搏精神、自强不息品格，体现了我们伟大民族能够与时俱进、开拓创新的精神风貌。劳动精神折射出了一个时代的人文精神，反映出了一个民族在某个时代的人生价值以及思想道德取向。劳动精神的主要内涵为"崇尚劳动""热爱劳动""辛勤劳动""诚实劳动"。这四个方面是劳动意识、劳动风貌、劳动态度、劳动习惯的集中展示，是紧密联系的整体。

（二）新时代的劳动精神

一代人有一代人的使命。不同时代劳动的内涵也在不断更新，但劳动光荣、技能宝贵、创造伟大的劳动追求始终是不变的。实现中华民族伟大复兴的中国梦，要靠包括工人阶级在内的全体人民的劳动、创造、奉献，让劳动之花在新时代绽放，就必须实现好、维护好、发展好广大普通劳动者的根本利益，让广大劳动者才尽其用、各居其位、各得其所，开辟广阔天地，让劳动热情充分迸发、创造智慧充分涌流。

我们要大力弘扬劳动精神，擦亮爱岗敬业、劳动光荣的价值原色，树立品质取胜、创新引领的风尚，让尊重劳动、尊重知识、尊重人才、尊重创造成为社会共识，加快建设制造强国，推动经济高质量发展，不断满足人民日益增长的美好生活需要。

当代学生弘扬劳动精神的途径主要是自觉弘扬新时代的劳动观，积极参加劳动实践。新时代以来，关于劳动的系列重要论述，在继承和发展马克思主义劳动思想的基础上，基于时代的历史维度与实践的发展向度，回应了新时代中国特色社会主义发展面临的新使命和新课题，形成了"实干兴邦"的劳动实践观、"民族复兴"的劳动发展观、"崇尚劳动"的劳动价值观、"热爱劳动"的劳动教育观，构筑起以劳动支撑起中国特色社会主义伟大事业的实践路径。在劳动认知上，学生要充分认识到劳动的重要性和劳动范畴的复杂性、广泛性，尊重各种各样的劳动和劳动者；在劳动知识与技能上，学生要掌握系统全面的劳动科学、劳动技能，要把劳动科学当作一门必修课来学习、掌握。

二、工匠精神

（一）工匠精神的内涵

从本质上讲，工匠精神是一种基于技能导向的职业精神，它源于劳动者对劳动对象品质的极致追求，具有爱岗敬业、专注执着、精益求精、严谨慎独、创新创造、情感浸透及自我融入等基本内涵，既表现了对极致之美的品质追求，又体现了对敬业之美的精神追求，还展现了对创造之美的价值追求。工匠精神涉及工作态度、职业操守、价值追求、人生态度等多个方面，其基本内涵可以大致总结为一种对职业的敬畏、对工作的专注、对产品的执着、对服务的精益求精，其核心是一种精神、一种信念或说一种情怀。工匠精神是执着专注、精益求精、心无旁骛的工作态度，安分守己、尽善尽美、以诚相待的职业操守，百折不挠、生生不息的人生态度。

（二）新时代的工匠精神

新时代工匠精神除了具有一般意义上工匠精神的内涵，还具有自身的特殊性：既有对中国传统工匠精神的继承和发扬，又有对外国工匠精神的学习和借鉴；既是为适应我国现代化强国建设需要而产生，又是劳动精神在新时代的一种新的实现形式。

实现中华民族伟大复兴的中国梦，不仅需要大批科学技术专家，同时也需要千千万万的能工巧匠。更为重要的是，"工匠精神"作为一种优秀的职业道德文化，它的传承和发展契合时代发展的需要，具有重要的时代价值与广泛的社会意义。

新时代学生践行工匠精神，对待任何事情要始终秉承严谨负责、追求极致的态度，达到从业者最基本的职业道德要求。一个具有工匠精神的人，要始终对工作保持热爱与执着，在遇到困难时不畏缩、不后退，要不断学习、磨炼技艺，将职业当成事业，要具有强烈的职业使命感，并全身心投入其中。

第七课　劳动创造价值

第三节　劳模榜样力量

劳模精神是我国优秀传统劳动文化的结晶，中华儿女用辛勤的劳动创造了灿烂的历史文化。劳动模范承载和彰显的劳模精神一直发挥着引领作用，丰富和拓展了中华民族精神的内涵。作为新时代的学生，在大力弘扬劳模精神、树立劳模榜样的同时，也要将劳模文化引领进创新领域。劳模文化要树立当代价值、引领精神风尚，需要重视内涵、突破局限，适应时代进步，符合社会发展。劳模文化要从新思想、新观念入手，运用其价值服务社会、造福人民，推动社会和谐发展，带领人们树立为他人服务的价值观，从而实现国家的全面发展。

一、劳模文化创新的动力

劳模文化创新需要动力、需要源泉，这样才能使文化的生命力旺盛持久，催人奋进、促人发展，为国家、为人民提供优秀的文化资源，提升国家的软实力。

（一）劳动

劳模文化创新的动力源于劳动，源于基层普通工人爱岗敬业、奋斗拼搏、无私奉献的精神，是劳动模范身体力行引领作风的生动展现。劳模文化创新不能忽略劳动模范的自身价值，这是创新的重点和关键所在，劳模文化新的观点、新的变化，需要每位劳动模范用自己的实际行动予以表现。劳动模范自身首先要具有创新精神、创新意识，突破原有的思维方式，树立符合现代化发展的远见思想，通过自己的观念更新，使劳模文化的价值得到更广泛的传播，使更多的人从中受益，这样劳模文化的创新才有意义。劳动模范自身的创新要具有新时代发展的精神风貌，勤劳勇敢、自强不息是其内在精神。他们对人民、对社会、对国家的深厚道德情感和道义关怀自觉深化为一种担当精神，为人民的发展事业无私奉献，这是劳动模范创新的基础。在社会发展的新时期，创新精神是面对多元价值呼唤高尚的价值观念。劳动模范自身的创新就是劳模文化的创新，标志着劳模文化向更高的目标、更高的追求迈进。

(二)社会环境的支持

劳模文化创新的动力离不开社会环境的支持,适宜的环境是创新的生命力,代表着文化发展的方向。劳模文化创新要达到效果,就要营造良好的文化环境,这种文化环境可以在工作中、在生活中逐渐培养和孕育,使人们在适宜的环境中体会劳模文化的价值。在良好的文化环境中,人们能够顺利接受劳模文化的影响,通过良好环境提供的动力进行文化创新,增添工作活力。环境对劳模文化的创新具有重要的影响,适宜的环境可以创造符合文化发展的新观点和新思想,使人们更愿意接受新鲜的事物,能够激发文化创新的热情;消极的环境会阻碍文化创新,使人们对新事物产生厌烦心理,没有热情更不愿接受,文化创新就会失去动力,没有生机。所以说,劳模文化的创新动力,首先源于劳动模范自身价值的再创造,劳动模范通过自身的原有优势不断吸收先进的思想,丰富自身能力,适应新的社会发展要求,带来更大的文化效应,引起人们的关注,使劳模文化能够顺畅地被人们接受,为劳模文化创新提供动力。其次,劳模文化创新的动力是适宜的环境,好的环境为文化创新提供空间,人们在适宜的环境中有更大的热情和更丰富的创造力,能够为劳模文化创新提供更多支持。

(三)生产

劳模文化创新的动力源于劳动生产。劳模文化创新要使劳动模范坚持在工作第一线时获得灵感和启发,找到创新的要点,在生产实践的过程中进行文化创新往往是深刻的,对人们的影响是具有说服力的。劳模文化创新离不开产生劳动模范的土壤,要充分利用劳动模范的产生平台,在劳动中挖掘创新、总结新经验、提炼新方法,为劳模文化的创新提供动力。

(四)人民美好的价值追求

劳模文化的创新动力源于人民美好的价值追求,体现出工人阶级的伟大智慧。我国坚持马克思主义的科学理论指导,站在人民的立场和出发点进行发展和创新。先进的文化可以使人深受感染,催人奋进,给人以正能量,能够促进人的全面发展。人民对美好生活的追求为劳模文化创新提供了现实动力,创新文化就是要使人们得到美好的生活,有更高的精神享受。劳模文化的价值追求

是让人们在劳动中获得快乐，肯定人自身的价值存在，在劳动的基础上得到价值的提升。劳模文化的创新要为人们提供追求美好生活的精神方向，更好地为人民服务，只有人民满意了，劳模文化的创新才会有不竭的动力。

二、践行劳模精神

首先，中职生要勤于学习，掌握专业技术知识，提高职业技能，培养创新思维和创新能力，并通过劳动实践，感悟和诠释劳模精神。

其次，中职生要勇于担当、乐于奉献，树立正确的世界观、人生观和价值观，全心全意为人民服务，在社会实践中提升服务社会、服务人民的意识，践行奉献精神。

最后，中职生要发挥引领作用，将劳模精神内化于心，外化于行，敢为人先，真抓实干，充分体现青年人的勇气、锐气、朝气。

古诗词里的劳动美

主题活动

"校园劳动实践"主题班会

活动目标

1. 牢固树立"劳动最光荣、劳动最崇高、劳动最伟大、劳动最美丽"的

观念。

2. 体验"劳动最光荣、劳动最崇高、劳动最伟大、劳动最美丽"的乐趣，培养学生的团结精神和奉献精神，增强学生的主人翁意识。

活动导入

为了巩固课堂所学的劳动精神，深刻体会马克思主义劳动观内涵，激发学生的劳动意识，践行学生的奉献精神，特别组织此次劳动实践活动。

活动环节

一、选择实践形式

（一）劳动教育宣传

围绕"劳动知识"主题，普及学生与劳动科学相关的基础知识，如劳动法律、劳动关系、劳动经济、劳动与社会发展、劳动与就业创业、劳动安全、劳动纪律等，可通过讲座、演讲比赛等形式进行。

（二）日常生活劳动实践

结合校园生活实际，组织学生开展绿化养护、校园卫生、教室清洁、实验室维护、文明寝室建设等劳动实践，实践时长不少于2学时。

（三）专业生产劳动实践

围绕专业特色，结合专业技能，安排一定学时的生产劳动实践。以校内外专业实践教育基地为依托，深入企业，体验现代科技条件下劳动实践新形态、新方式。

（四）公益服务劳动实践

积极搭建志愿服务平台，组织学生深入城乡社区、福利院、小学和公共场所等参加志愿服务，开展公益劳动、困难帮扶、护绿植绿、文明交通劝导等活动。

二、付诸实践行动

班级分小组进行，各小组自行选择劳动实践的形式、时间、地点。选择合适的劳动工具，合理分工，保护个人安全及团队利益。完成后，小组成员记录工作内容及劳动体会，自选形式展示劳动成果。

第七课　劳动创造价值

活动小结

本次主题班会可以引导学生掌握各种形式的劳动技能及良好行为习惯，助力推动校园文明建设，体味劳动者的精神面貌，端正劳动态度，正确认识劳动，积极践行劳动。

活动体会

第八课
增强文化自信

开课导读

文化自信是一个国家、一个民族发展过程当中基本、深沉、持久的一种力量。学生是国家的未来、民族的希望，是未来社会的主人。学生增强文化自信，对于提高国家的综合国力和科学文化水平具有重要的意义，是全面提升文化自信的重要基础。

思政小课堂

提升学生的文化自信，需要让学生全面了解本民族的优秀传统文化和我国现代化建设的伟大成就，促使学生多参加一些有关提升文化自信方面的活动，增进学生对中国传统文化和新时代文明成果的了解，从而在实践中提升文化自信水平。

第一节 中华优秀传统文化

中华优秀传统文化是我们最深厚的文化软实力，也是中国特色社会主义植根的文化沃土。中华文明是世界文明史上璀璨的连续性文明，五千年文化的连续发展是中华文明的重要特征。

传承和弘扬中国优秀传统文化，绝不意味着故步自封，当代学生应进一步加强对中华优秀传统文化的挖掘和阐发，把跨越时空、跨越国度、具有当代价值的文化精神弘扬下去，立足中国，面向世界！

一、中华优秀传统文化的核心内容

中华优秀传统文化源远流长、博大精深，而其中最核心的内容之一就是思想理念、价值观和民族精神，主要内容包括如下几点。

（1）天人合一。注重人与自然的和谐合一，注重人道和天道的一致，不是强调征服自然、改造自然，不主张天和人的对立，而主张天和人的协调。

（2）以人为本。主张"天地之性，人为贵""人者，天地之心"，肯定人的重要性。中国传统主流文化关注的焦点始终是人类社会的有序和谐与人生理想的实现。

（3）崇德尚义。传统文化历来高度推崇那些有高尚精神追求的人士，重视人的德行品格，重视德行的培养和人格的提升，孔子的"杀身以成仁"，孟子的"舍生而取义"，都认为道德品格的信守和道德理想的坚持可以不受物质条件影响，在一定的条件下比生命还重要。除了这些核心理念，几千年来中国文明形成了自己的价值偏好，即责任先于权利、义务先于自由、社群高于个人、和谐高于冲突。

二、弘扬中华优秀传统文化的价值内涵

中华优秀传统文化积淀着中华民族最深沉的精神追求，代表着中华民族独特的精神标志，滋养着中华民族生生不息、发展壮大，是中国特色社会主义植根的文化沃土，是我们在世界文化激荡中站稳脚跟的根基。新的时代条件下，我们要传承弘扬中华优秀传统文化，深入挖掘其中的价值内涵，进一步激发中华优秀传统文化的生机与活力，为中华民族伟大复兴筑牢深厚文化根基、提供强大精神力量。

中华优秀传统文化是中华文明的智慧结晶和精华所在，具体体现在以下几点。

（1）中华优秀传统文化是中华民族的根和魂，是中华文明的智慧结晶和精华所在，是我们最深厚的文化软实力，是我国的独特优势。

（2）中华优秀传统文化是中华民族的突出优势。

（3）中华优秀传统文化是坚定文化自信的强大底气。

（4）中华优秀传统文化对促进人类文明进步发挥着重要作用。

提升文化自信

三、中职生弘扬中华优秀传统文化的要点

首先，应培养自己对中华优秀传统文化的兴趣，努力学习相关知识，提高自身的文化素养，厚植文化底蕴。

其次，要正确对待外来文化，以理智的心态去消化、分辨外来文化，取其精华，去其糟粕，建立文化自信。

最后，中华优秀传统文化作为中华民族的智慧结晶，需要我们去继承和发扬，我们要主动承担起传承的重任，并在传承过程中提升自己的道德素养，促进自身的完善和发展。

落针成画　大胆创新

在苏州镇湖绣品街上，有大大小小几百家绣庄，国家级非物质文化遗产项目（苏绣）传承人、首届中国刺绣艺术大师、沈寿仿真绣第四代传承人姚惠芬的刺绣艺术馆正坐落于此，艺术馆中展示了许多姚惠芬的苏绣作品。

2019年1月10日，姚惠芬刺绣艺术馆内，苏绣传承人姚惠芬向媒体记者介绍了苏绣与年画的创新结合。

远观这些苏绣作品，它们更像是一幅幅精美的画作，很难看出它们是被一针一线绣出来的，只有走近欣赏，才会发现作品上细密的针脚。

苏绣大师姚惠芬出生于苏州刺绣世家，自幼学习刺绣技艺。她先后师从沈寿仿真绣第三代传人牟志红及中国工艺美术大师任嘒閒。

"我不想像我的上一辈绣娘一样，为了绣而绣。我不想重复自己，我一定要绣一些不同的东西。"虽然已经从事了40多年的刺绣工作，姚惠芬仍然坚持不墨守成规，不断进行创作与创新。2007年，姚惠芬将传统刺绣的针法技艺与西方素描的技法融合，发明了一种全新的刺绣技法——"简针绣"，它是一种适合表现素描人物肖像的新刺绣方法，以少、素、精的针脚和线条，体现简洁纯粹的美感。

2017年，苏绣第一次进入威尼斯双年展，姚惠芬和妹妹姚惠琴一道，接受

第八课　增强文化自信

了一次很大的挑战。她们同中国当代艺术家合作，为威尼斯双年展中国馆创作了 34 幅苏绣作品。其中，难度最大、最引人注目的，是以宋朝名画为刺绣蓝本的《骷髅幻戏图》，这幅作品运用了 50 多种针法来表现，是苏绣工艺的一次创新实践。

作为非遗传承人，姚惠芬很重视苏绣的传承与人才培养，她和苏州几所大学合作开设了刺绣兴趣班，并定期免费教学生刺绣技艺。

第二节　我国改革开放取得的伟大成就

改革开放 40 多年所取得的成就体现在中国特色社会主义的各个方面，把改革开放的成就融入思想政治教育是新时代下社会历史发展的必然要求，是引领学生健康成长成才必不可少的重要环节。

一、开辟中国特色社会主义道路，并形成其理论体系

解放思想与改革开放犹如车之两轮、鸟之两翼，二者相互联系、相互促进、互为因果，统一于中国特色社会主义建设之中。通过解放思想，逐步打破条条框框的束缚，改革开放才能深入发展，取得成功。

正是在解放思想、锐意创新中，中国共产党不断推进马克思主义中国化的历史进程，开辟了中国特色社会主义道路，形成了中国特色社会主义理论体系，这是中国共产党在改革开放历史新时期的伟大实践中，不断坚持和发展马克思主义的结果，是马克思主义中国化的最新成果。改革开放新时期以来，我们取得的一切成绩和进步的根本原因，归根结底就是开辟了中国特色社会主义道路，形成了中国特色社会主义理论体系，集中到一点，就是高举了中国特色社会主义伟大旗帜。

中国特色社会主义理论体系的形成与中国特色社会主义道路的探索和实践紧密联系在一起。改革开放以来，中国共产党解放思想、实事求是、与时俱进，

坚持以马克思列宁主义和毛泽东思想为指导，立足于我国国情，通过改革开放，不断探索和完善我国建设社会主义的指导思想、基本原则、大政方针、政策举措，不断探索和发展我国社会主义经济建设、政治建设、文化建设、社会建设的有效途径和方法，不断探索和回答什么是社会主义、怎样建设社会主义，建设什么样的党、怎样建设党，实现什么样的发展、怎样发展等重大理论和实际问题，走出了一条中国特色社会主义道路。党的二十大报告中阐述了新时代新征程中国共产党的使命任务，强调前进道路上必须牢牢把握的"五项重大原则"——坚持和加强党的全面领导、坚持中国特色社会主义道路、坚持以人民为中心的发展思想、坚持深化改革开放、坚持发扬斗争精神。

二、建立社会主义市场经济体制，经济建设成就举世瞩目

改革开放以来，我国逐步由计划经济向市场经济转变，目前我国已建立起社会主义市场经济体制。这一时期，我国经济和社会生活欣欣向荣，社会生产力、综合国力和人民生活水平都上了一个台阶。

在经济增长方面，破天荒地实现了长期、持续、快速、平稳增长。国家统计局数据显示，初步核算，2022 全年我国 GDP 为 1 210 207 亿元，比上年增长 3.0%。对比该数据，16 个省份 GDP 增速跑赢"全国线"。所以，我国经济长期持续增长，在中外经济发展历史上绝无仅有，创造了"中国奇迹"。

正是整个经济的发展、国家实力的增强，我国完成了许多重大工程建设，如三峡大坝、青藏铁路、西气东输、西电东送、南水北调、三北防护林等，让亿万人民感受到国家的温暖和改革开放的成果。

三、人民物质文化生活水平全面提升

第一，居民收入水平迅速提高。这是居民消费水平提高的来源。第二，居民消费水平迅速提高。第三，住宅水平有所提高。第四，现代交通通信广泛运用及交通通信支出在消费支出中的比例提高，这是居民生活走向现代化的重要体现。第五，人民文化生活得到较大提高。第六，国内旅游业蓬勃发展。第七，居民的闲暇时间大幅增加。改革开放以后，我国开始实行由改革前的每周单休

第八课　增强文化自信

日改为双休日。第八，人口预期寿命增长，这是人民物质文化生活提高的一个综合指标。

四、文化、科技、教育、体育等事业蓬勃发展

改革开放以来，文艺战线百花齐放、百家争鸣、繁花似锦，出现了许多脍炙人口的优秀作品。在改革开放的进程中，我们形成和发展了伟大的抗洪精神、抗击"非典"精神、青藏铁路精神、航天精神、抗震救灾精神、奥运精神等优良精神，这是中华民族的民族精神和时代精神的有机组成部分，是我们民族生生不息、发展壮大的精神动力，也是中国人民在未来的岁月里薪火相传、继往开来的强大动力。

五、国防建设不断向现代化迈进

党的二十大报告强调"坚持机械化信息化智能化融合发展"，把机械化信息化智能化（以下简称"三化"）融合发展要求提升到新的战略高度。深入学习宣传贯彻党的二十大精神，奋力实现建军一百年奋斗目标，应着力认清把握"三化"融合发展的主要特征、深刻机理、基本原则和战略举措，切实推动"三化"融合发展落地落实。

实践表明，我国国防信息化建设在军事通信、网络安全、卫星导航、指挥控制、模拟训练、卫星测控、军事物流、计算机等领域都取得了惊人的成绩，通过与民营高科技企业的合作，部分技术达到了世界领先水平。我国国防信息化建设正顺势而上，改革的步伐仍将大踏步前进。

六、人是改革开放最深层的动力

波澜壮阔的改革开放，不仅是中国经济和社会发展的黄金时期，更是每个中国人个人命运发生转变的黄金时期。这是因为，改革开放为无数人创造和带来了发展的机遇。正是基于对人的创造性的极大尊重，改革开放才得以顺利和持续推进。可以说，获得解放的人的创造力和能量巨大无比。以人为本是历史唯物主义的基本原则。马克思主义在科学阐明人类社会发展规律的同时，也指明了人民群众创造历史的规律，强调人民群众是历史的创造者，也是推动社会

发展的决定性力量；人民群众是生产力中最活跃、最革命的因素，创造了社会的物质财富和精神财富。改革开放的伟大实践再一次雄辩地证明了这一点。改革开放所产生的强劲动力是前所未有的，它鼓励人们劳动致富、依法致富，多劳多得、少劳少得、不劳不得，用制度激励行为，有效地克服了"等、要、靠"现象，充分调动人们的积极性，人们不仅改变了自己的生活，也共同创造了令全世界称赞的发展奇迹。

经过改革开放的磨炼和发展，人们的心态也更加平和，观念也更加开放。对世界来说，安于现状、因循守旧、固执保守的形象离中国越来越远，而创造、创业、激情、闯劲等现代因子在无数中国人的身上展露无遗。

改革开放所取得的成就不仅仅是一串串有力的数字、一张张生动的图片，更重要的是，在改革开放过程中所凝聚的精神。它增强了当代学生的民族自信心和自豪感，激励他们热爱祖国，认同改革开放，筑牢学生的"四个认同"和"四个自信"，指引学生在新时代改革发展中建功立业。

活动目标

1. 树立正确的价值观。
2. 通过故事和小游戏，体验品性之美。

活动导入

党的二十大报告指出："全面建设社会主义现代化国家，必须坚持中国特色社会主义文化发展道路，增强文化自信。"灿烂瑰丽的中华文化宝库，为后人提供了源源不断的文化创意源泉。讲述中国故事，展示中国文化的魅力。中华儿女必须团结一致，才能共同向着建成富强、民主、文明、和谐、美丽的社会主义现代化强国这一目标而努力奋斗。

活动环节

一、诚信是立身之本

PPT展示《银行招聘启示录》，主持人引导大家回答问题。

银行招聘启示录

有一个年轻人走在漫长的人生道路上，到了一个渡口的时候，他坐上了一个艄公的船，此时他已经拥有了"健康""美貌""诚信""机敏""才学""金钱""荣誉"七个背包。

船行驶到江心，突然风起浪涌，小船上下颠簸起来。艄公说："船小负载重，客官必须丢弃一个背包方可安全渡河。"年轻人哪一个都不舍得丢，思索了一会儿，把"诚信"丢进了水里。

现在，这位年轻人带着他剩下的六个背包，来到了某银行应聘。假如你就是负责此次招聘的主管，你想不想让他成为你们单位的一员？为什么？

（学生互动）

主持人：为什么这个年轻人拥有这么多资源，却还是被招聘主管拒绝了呢？

（学生互动）

主持人：对！他丢失了诚信。诚信是一个人安身立命的基础，是一个人立足社会的通行证，是一个人生存和发展的重要条件，是我们做人的基本准则，是人一生最重要的财富。

二、诚信是交往之道：信任背摔

活动规则：两个同学一组，背向站立，前面的同学向后倾倒，后面的同学用自己的后背给予支撑。

主持人：如果你是前面的人，你的身体敢向后倾倒吗？为什么？如果可以选择，你将选谁做游戏伙伴？为什么？讲讲你和他之间的诚信故事。

活动小结

本节主题活动主要从体验感悟、升华中心思想等环节展开，通过讲故事的形式引导学生思考、感悟，并得到启发，引导学生树立高尚的品德。

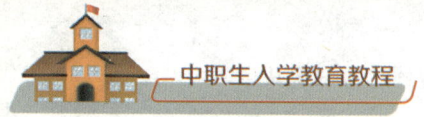

活动体会

第八课　增强文化自信

第九课

提升人际交往能力

开课导读

中职生从走进校园的那一刻就开启了新的生活。在这里，一切都是新的，新的环境、新的教师、新的同学、新的学习方式。中职生要独立面对崭新的一切，需要逐渐培养自己各方面的能力，不仅要学习专业知识和技能，还要提升人际交往能力。中职生进行人际交往是融入社会的必然选择。如何处理好人际关系，如何正确进行人际交往，如何才能在这些交往中应对自如、和睦协调、原则坚定而又机动灵活，是摆在中职生面前的一个十分现实的问题。因此，中职生要学会人际交往。在校期间，中职生尤其要学会与教师、同学、家长交往的知识和技巧，并付诸实践，逐步提高自己的人际交往能力，以顺利学习、健康成长，并为以后的发展奠定坚实的基础。

思政小课堂

马克思说过："交往是人类的必然伴侣。"人是社会中的人，是社会的主体。社会交往是人们的一种本质需要。对中职生来说，家庭之中，同学、师生之间，将来踏入社会后的同事之间，上下级之间，无不存在着人与人的交往。在校期间形成的世界观、人生观、价值观以及养成的行为习惯，树立起来的人生理念、价值理念将伴随我们一生。

第一节 沟通与交流

一、与教师的关系

教师与学生是校园里的两大基本群体。教师是学生人际交往的重要对象，师生关系是学生人际关系的重要内容。师生关系如何，直接影响学生在学校能

第九课　提升人际交往能力

否健康地学习成长，并在很大程度上决定学校能不能对学生的身心开展符合社会要求的教育。

同时，教师是学生人际交往的重要对象，也是知识的传授者，是学生人格模仿的对象。与教师的交往是学生获取知识的重要途径，教师与学生的平等交往成为师生共同成长的前提。与此同时，师生关系又是一种业缘关系，师生之间心理距离小，心理相容度高，教师对学生充满爱护与关爱，学生对教师满怀尊敬与敬仰，师生关系是一种纯洁而无私的人际关系。学生必须正确处理师生关系，建立和谐的师生关系。和谐的师生关系可以用一个简单精辟的词来概括："尊师爱生。""尊"是学生对教师的尊，"爱"是教师对学生的爱。两者相互促进，师生关系才能得到健康发展。

二、与同学的关系

同学之间的关系是学生人际关系网中的一个最基本的纽带，也是学生人际交往的主要对象。从新生入学的那天起，同学之间可能就建立起了朝夕相处、频繁接触的关系，在校期间能否处理好同学之间的关系，直接影响学生能否积极、健康、和谐地生活和发展。校园里的同学关系总体来说是和谐、友好的，同学之间的关系有亲情化、家庭化的趋势，即在日常生活、学习中创造一种如同亲属一般和谐稳固的同学关系。学生与同学间的交往最普遍，也最微妙与复杂：一方面，学生年龄相仿、经历相同、兴趣爱好相近，又共同生活在一个集体，学习相同的专业，沟通与交往容易；另一方面，学生来自不同地域、不同家庭背景，生活习惯、个性气质存在差异，再加上学生空间距离小，交往密度高，而自我空间相对狭小，且对人际交往的期望较高，一旦得不到满足，则容易采取消极

退避的态度。建立良好的人际关系，需要学校领导和教师的引导和支持，需要学校为学生的交往创造条件，但最主要的是学生自己的态度和行为。

在学校生活中，由于同学来自五湖四海，各有自己的生活习惯、性格、风俗习惯等。有些同学缺少与同学之间的交流，没有建立和谐的人际关系，在情感上感到孤独，或常常被一些误解包围，或在处理同学关系时感到迷茫，或感觉到同学之间的关系微妙等。为此，学生要注意以下四点。

（一）要把自己放在一个适当的位置

要恰如其分地评价自己，既要看到自己的优点和长处，也要看到自己的弱点和不足。如果只看到前者，就会夜郎自大、盛气凌人、自以为是；如果只看到后者，又会盲目自卑、自惭形秽。这都会成为与同学交往的障碍。我们应该正确地评价自己，既要保持自信自尊，又要保持谦虚谨慎的态度。我们要树立自尊心和自信心，相信自己能被大家所接受，才能积极地与同学交往；同时，我们也要谦虚谨慎，经常反省自己，努力学习同学的长处，才能赢得大家的信任和尊敬，建立良好的同学关系。

（二）要努力去认识和理解周围的同学

在与同学的交往之中，自己固然重要，但了解他人也是不可缺少的，对同学的了解太少、理解不够，难以建立良好的同学关系。只有正确认识和深入了解同学才能建立良好的同学关系，同学友谊也才能深入发展。

（三）要坦诚地与同学交往和交流

每个人都有一定的自我保护性，不轻易向别人敞开自己的心扉。但是，只有坦率诚实、平等待人，才能打开彼此的心扉，才有可能交往，进而建立良好的同学关系。

（四）要有开阔的心胸和大度之心

"金无足赤，人无完人"，周围的同学总会有这样或那样的缺点，要能容忍别人的过失，宽以待人。同时，也要虚心听取同学的意见，严于律己。对于与同学交往过程中产生的误会和争吵，要用宽容的态度去对待，不要斤斤计较。

第九课　提升人际交往能力

只有拥有宽阔的胸怀，才能与同学建立亲密和谐的人际关系，收获众多朋友。

积极融入群体

小张同学在校园内一向独来独往，很少与他人交往，即使与熟悉的人在一起，也是礼节性的，其实内心极不情愿。小张同学决心放弃人际交往，并希望以后从事不与他人交际的工作。经了解发现，该生在人际交往中经常受挫，无法与他人顺利进行谈话，说不了几句就冷场甚至陷入僵局。他认为人际交往太麻烦，有时候进行很长时间的谈话也没有涉及自己感兴趣的内容，对自身的意义不大。

三、与父母的关系

进入中职学校后，学生和父母的关系开始发生变化，情感联系开始减弱，他们对父母的依赖越来越小，独立的倾向越来越强。这时期的学生和父母的关系有一个很重要的特点，就是双方的感情不平衡。子女对家庭的离心倾向进一步增强，他们希望摆脱对父母的依赖，按照自己的意志行事。他们遇事往往不再求助父母，而是根据自己的独立判断采取行动。

恰恰相反的是，正当子女对父母的离心偏向越来越强的时候，父母却往往把感情的重心放在子女的身上。子女的一言一行，直接牵动着父母的心。由此可见，子女同父母之间的感情天平是倾斜的。

当然应该指出的是，这种平衡并不代表子女同父母感情不和或紧张，但是子女应该注意调适同父母的感情。调适的关键是尊重父母、关心父母、体谅父母。子女应该主动同父母谈谈自己的学习和学校的生活，有事多同父母商量，征求他们的意见并尽量尊重他们的意见,这对父母是个安慰,自己也能得到助益。子女需要关怀,父母同样应该被关怀,对于父母的健康、工作及精神生活,子女也应该给予关心和最大限度的照顾。子女对于父母身上的一些习惯,如说话唠叨、喜欢回忆、遇事固执等容易产生反感,由此导致同父母关系紧张。其实父母身上的这些习惯与他们的生活经历、心理、生理特点是有关系的,子女应该在了解这些特点的基础上谅解他们,而不是嫌弃他们。同时,学生在寒暑假回家时,要充分把握机会,多与父母亲交心,参加一些家庭劳动,做一点力所能及的家务活,减轻父母负担,帮父母分忧。同时在父母关系上,学生不能一味地要求和索取,也要适当地给予。这样,学生同父母的关系才能形成良性循环,感情更加融洽,而且不断更新和发展。

四、与舍友的关系

在学校里对学生改变较大、影响较深的还有你朝夕相处的舍友。宿舍的成员来自全国不同地方,拥有不同家庭背景,彼此之间的生活习惯也不同,由此可能带来舍友间相互误解和摩擦,致使宿舍关系僵硬。例如,曾经有一位新生为自己被室友孤立感到很苦恼:"也不知怎的,可能是我不

大注意自己说话的方式,我感到大家开始用讽刺的口吻跟我说话。我若无意说了哪位同学,大家就一起帮她。我感到很苦闷,觉得回宿舍也没有什么意思,担心说错话引起更大的麻烦。所以我每天很早起床,背着书包到教室看书,晚上很晚才回宿舍,有时即使看不进去书,也不愿回宿舍,就顺着操场逛,一圈又一圈,估计快要熄灯了才回宿舍。"而她的同学也难过:"我们宿舍的一位同学说话很过分,不过她现在已经被孤立了,但我现在也感到很压抑,因为宿舍气氛不好,形成对立局面。其实,我觉得那位同学也不是一无是处,也很想和她说话,但大家都不理睬她,我若主动与她交好,势必也不被大家理睬。"还有一部分同学,即使没有这种情况,也觉得在宿舍不是很开心:"我们宿舍关系

还可以,没有争吵,但大家都很客气,没有什么话好说,觉得挺闷的。"这些都是新生有可能遇到的问题。怎样处理好这类问题,协调同宿舍同学间的关系?学生应做到以下五点。

(1)要正视这一问题,多找自己身上存在的问题,分析其对宿舍人际关系造成的影响。学生对于舍友的意见,突出地表现在各种各样的小事中:乱扔垃圾、制造噪声、作息紊乱、言行霸道等。若自己有不妥的地方,可以适当调整自己的生活习惯,改变自己的说话方式,以他人可以接受和理解的方式进行。

(2)争取多沟通多交流。不要因为大家有些误解而避免交流和沟通,而应主动与大家沟通,参与大家的讨论和宿舍集体活动。只有这样才能更好地了解自己和他人,消除彼此之间的误会,加强相互的理解和信任。

(3)保持心胸宽广,对别人多加理解和包容。一个新时代的学生应海纳百川,多吸收别人的优点,对他人的缺点应多加理解和包容。平时对一些生活中出现的鸡毛蒜皮的纠纷,不要太耿耿于怀,该忘的忘,该原谅的原谅,该和解的和解。所谓"大事聪明,小事糊涂",把有限的精力用在做主要的事情上,如学好自己的专业。

(4)真诚地对待他人。俗话说:"种瓜得瓜,种豆得豆。"只有播种真诚,展现真实的自我,才会收获别人的真诚。因为人们无意识中在遵守"人际关系互惠"原则,一个人袒露真诚的程度,会得到相应的回报。有的人害怕自己的缺点被别人看到会影响自己在别人心目中的形象,但心理学研究表明,人们并不喜欢一个各方面都十分完美的人,而恰恰是一个各方面都表现优秀而又有一些小缺点的人最受欢迎。

(5)相互寻找共同点,适度坚持个性。同宿舍的人应该要学着去寻找彼此的共同点,有共同点的人总是显得很投缘,哪怕是一点点共同的话题、共同的兴趣爱好、共同的思想。找到和别人的共同点,就找到了和谐相处的纽带。同时要正视自己与他人的不同之处,坚持自己的个性,适度表现自己,正确表达自己的意见,不因观点分歧而闭口不言,也不因观点新锐就夸夸其谈。有心理问题就想方设法找同学、亲友、教师,特别是心理教师来及时排解,长期压抑会给自己的生活带来障碍。

第二节 诚信与感恩

一、中职生要学会诚信

诚信是一个具有普遍性的道德规范，它以各种形式，历史性地出现在各民族的道德箴言中，出现在各民族的文化道德要求中。诚信是初始性的道德，是道德体系的基础，一切的道德规范都是在这个基础上建立的，更高的道德是以诚信为基础建立的。当代学生作为社会主义建设的接班人，思想道德品质如何不仅关系自身的前途与命运，更关系社会主义的建设和中华民族的伟大复兴。

（一）诚信是做人的基本准则

诚信包括诚实和守信两个方面，它出现在各民族的文化要求之中，是做人的基本准则。

1. 诚实

诚实就是忠诚老实。《说文解字》记载："诚，信也。"《增韵》记载："诚，无伪也，真也，实也。"诚实是为人处世时的道德准则，这一准则要求我们与人交往时说真话，向别人传递真实信息，不掩盖或歪曲事实真相。诚实作为最古老、最原始的道德要求，它和人类相伴而生。社会性是人的本质属性，人是在相互依赖和相互联系中生存和发展的，只有人与人之间相互诚实，说真话，传递真实信息，不掩盖歪曲真相，人才能得以生存和发展，人类也才能繁衍生息。人的这种本真状态需要在长期的人类进化过程中沉淀、积累，经历人类的心理、情感和文化的作用，积淀为一种原初的道德规范。人类历史发展到现在，诚实品质从来都是对人的最基本的要求和规范。是否具备诚实品质，已经成为道德社会化完成的标志，成为衡量一个社会成员在道德上合不合格的最基本标准。

2. 守信

守信是遵守诺言，实践自己的诺言。"言必信，行必果"是中国传统道德中的精华，守信是最基本的道德要求。所谓信，即诚实无欺。在《论语·为政》中，孔子认为："人而无信，不知其可也。大车无輗，小车无軏，其何以行之哉?"他主张与人交往,要言而有信。在《孟子·尽心下》中,孟子认为:"可欲之谓善,有诸己之谓信。"自身确实具有善德称为"信"。我国传统文化中非常重视信,把信作为立人之本、立政之基,人无信不立,政无信不立。"信"也就成为儒家着重提倡的道德规范之一。

诚实守信是我国传统道德大厦的根基,诚信铸成中华民族道德之魂。统而言之,诚信包含了三个方面的含义:一是诚实无欺,主要指人的自我修养及由此形成的个人内存的道德品质、德行和道德境界。二是相互信任,主要指信任他人或被他人信任,这是社会中一般的道德要求。三是信守承诺,通常指能够履行对他人的承诺,是对特定对象的责任。相互信任、信守承诺主要指人们在交往中的行为规范。

(二)诚信是安身立命的关键

在现代社会中,人们越来越看重诚信的品质。学生在校学习只是一个暂时的阶段性的过程,最终我们还是要走入社会、走入职场。在将来的求职中,诚信将成为用人单位对求职者的素质要求,诚信必将成为学生的安身立命之本,这就要求我们要做诚信规范的力行者。

中共中央印发的《新时代公民道德建设实施纲要》提出,诚信是社会和谐的基石和重要特征。在全社会都在倡导"诚信"的今天,学生更应该身体力行,领文明之先风,不做有损个人名誉和国家利益的事情。考试作弊、毕业不还贷、开具假的贫困证明等失信行为大大降低了学生的道德水准,也降低了社会对学生的信任度。各个学校都应积极营造和建设勤奋学习、刻苦钻研、严谨治学、追求真理的氛围和风气,优良的校风对学生科学价值观和正确行为倾向的形成及心灵情感的升华都有着积极而深刻的影响。有道德的人以作假、说谎为耻辱,也必定忠于自己的承诺。所以信必有忠,忠能达信。考试作弊、欠贷不还、开具假证明等行为则是对优良校风的败坏,是对学校正面道德教育的亵渎与践踏。

因诚实、守信方面出问题而导致社会成员之间的不信任,导致社会信任度

的降低，不仅使诚信行为在量的方面大幅减少，在质的方面也大幅下降，使信任危机转化为社会危机，直到社会系统崩溃。因此，各个民族的各种文化都把诚实守信作为最基本的道德规范。诚信者付出诚信，诚信者也收获信任。诚信者收获的信任，是诚信者拥有的社会资源，它足以使诚信者安身立命。

二、中职生要懂得感恩

（一）学会感恩，对别人的帮助表示感激

学会感恩，就是要对别人的帮助表示感激，对他人施以的恩惠设法报答。然而有些学生认为别人帮助自己是理所当然的事，就心安理得地接受帮助，甚至吝啬得连一声"谢谢"也不说；他们认为花父母的血汗钱是天经地义的事，自己过生日，邀请好友、大摆排场，好不潇洒！父母过生日连一句祝福都懒得说，让人心寒。在学校里，对教师的殷切教诲充耳不闻，学习上不思进取、得过且过，玩网络游戏时，却精神亢奋、不能自拔。对同学漠不关心，总是对别人要求多而对自己要求少，疏于用一颗感恩的心去表达情感、施以回报。

（二）学会感恩，就会懂得尊重他人

学会感恩，就会懂得尊重他人，发现自我价值。懂得感恩，就会少一些歧视，以平等的眼光看待每个生命，看待我们身边的每个人。当我们感恩于他人的嘉言懿行时，第一个反应常常是今后自己应该怎么做、怎样做才能更好。

学生要学会对自己拥有、享有的一切怀有感激之情，要有知恩图报的善良心肠，有了这颗善心的支撑，才能在走向社会后处处向他人施以爱心。对含辛茹苦的父母应学会感恩，因为他们给予了我们生命，呵护着我们健康成长；对辛勤栽培的教师学会感恩，因为他们给予我们教诲，让我们抛弃愚昧，走向成功；对同学、朋友，应学会感恩，因为他们给了我们友爱，让我们在孤寂无助时看到希望和阳光；对无私相助的陌生人，也应学会感恩，因为他们用善良和热情的行动温暖了我们凄冷无助的心。

（三）懂得关爱和回报

只有懂得感恩，才会懂得关爱和回报；只有学会感恩，才能从各个方面获

第九课 提升人际交往能力

得更丰厚的情感回报。羔羊跪乳、乌鸦反哺，动物尚且感恩，何况是作为万物之灵长的人？从家庭到学校、从学校到社会，要学会对那些帮助、支持、关爱、呵护过自己的人施以感恩。

学会感恩，才懂得去孝敬父母、尊敬师长，才懂得去关心他人、帮助弱者；学会感恩，就能学会珍爱、赢得友谊，就会明白事理、走向成熟。学会感恩，幸福将伴随我们左右，生活将美丽无限。

主题活动

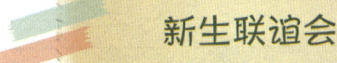

新生联谊会

人际交往礼仪

活动目标

1. 加强交流，提高协作能力，增进师生之间的联系和同学之间的友谊。
2. 培养良好的兴趣爱好，提升审美能力与品位，提高综合素质，丰富校园生活。

活动导入

新生联谊会促进班级内部团队交流，帮助新生了解学校，了解专业与未来专业走向，促进学生友谊，扩大大家交友面。

活动环节

（1）主持人发言，活动开始。

（2）学长为新生介绍学校及专业等。

（3）知识竞赛（内容可以包括科普、生活常识，还有专业方向性知识，以此帮助新生了解专业）。

（4）小游戏环节（可以借此让新生和学长互相交流娱乐，给大家一个共同了解彼此促进友谊的机会，小游戏内容尽量包含娱乐性质游戏，不带有强迫表

演性质,具体游戏内容由班级组织委员协调)。

(5)嘉宾致辞(发言人以当天来的嘉宾为准,可以提出要求和意见)。

活动小结

通过开展新生联谊会,真正做到为学风建设树立榜样。在活动过程中达到气氛融洽、台上台下密切互动的效果。同时,能够让新生更加了解本专业,为学习专业知识打下扎实的基础。

活动体会

_____

_____

_____

_____

_____

_____

_____

_____

_____

_____

第九课　提升人际交往能力

第十课

规划职业生涯与人生

开课导读

《礼记·中庸》记载:"凡事预则立,不预则废。"学校生活是职业生涯中的准备阶段,它的一切活动都为将来就业奠定基础、创造条件。要想把握人生发展的机遇,就要及早做好一系列准备。就业准备主要包括打好知识基础、全面提高素质、增强就业竞争力、正确认识自己、主动适应社会的需要等。

思政小课堂

中职生职业生涯规划是探索自己终身职业志向的第一步,也是其职业观、人生观、价值观确定的开端。有一些学生能提前确定自己的人生理想和职业目标,通过几年的努力为自己的理想打下扎实的基础。而另一些学生却始终迷茫,到离校的那一天还不知道自己的路在何方。对于一个国家来说,如果拥有人力资源却不能人尽其才、才尽其用,那将是人力资源的巨大浪费。如果在校期间学生能够树立自己的理想和奋斗目标,其学校生活便会丰富多彩、充满意义。

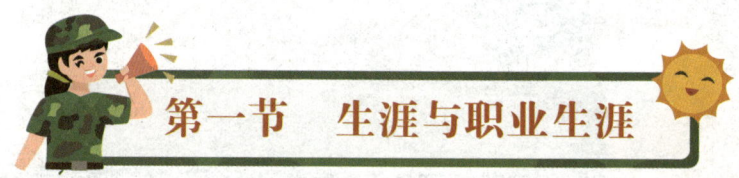

第一节 生涯与职业生涯

一、生涯与职业生涯的概念

(一)生涯

生涯是指从事某种活动或职业的生活,也指生命、人生。生涯不是作为一个事件或选择的结果而发生的事情,确切地说,生涯在本质上是持续一生的过程。它受到个人内在和外在力量的影响,是一个人的愿望与可能性之间、理想

第十课　规划职业生涯与人生

与现实之间妥协和权衡的产物。生涯发展是一系列选择连续实行的结果。生涯对个人来说是有意义和有价值的。生涯不但是一个人的职业或工作，而且包括生活中的各种角色担当。"工作"可能是生涯领域最易被误解的词语之一。我们每个人对它的含义都有一定的理解，但对生涯专家来说，工作是一种活动，能够为自己或他人创造价值。

（二）职业生涯

职业生涯是指一个人一生连续担负的工作职业和工作职务的发展道路，或说是一个人终生职业经历的模式。职业生涯设计要求根据自身的兴趣、特点，将自己定位在一个最能发挥自己长处的位置，可以最大限度地实现自我价值。

职业生涯是一个较难理解的定义。它是个人终其一生所扮演的职业角色的整个过程，由时间、范围和深度构成。时间指的是人的一生的不同阶段，如职业初期、职业中期、职业后期等；范围指的是一生扮演不同角色的数量；深度是指一种角色投入的程度。

二、职业生涯的类型

（一）传统性职业生涯

在一个人的职业生涯中，他的职业可能是持续稳定的，我们通常把这种职业生涯叫作传统性职业生涯。例如，一名工程师的职业生涯之初是助理工程师，随着其专业知识的增长和工作经验的丰富，其职位可能会逐步晋升为工程师、高级工程师。

职涯规划技巧

（二）易变性职业生涯

一个人的职业生涯可能因其兴趣、能力、价值观及工作环境的变化而发生变化，可能从事多项职业，我们把这种职业生涯叫作易变性职业生涯。如一个人先前是一名技术人员，后来从事管理工作等。

三、职业生涯规划的特征

良好的职业生涯规划应具备以下特征。

（1）可行性：设计要有事实依据，并非美好的幻想或不着边际的梦想，否则将会贻误生涯良机。

（2）适时性：设计是预测未来的行动，确定将来的目标，因此各项主要活动何时实施、何时完成，都应有时间和时序上的妥善安排，以作为检查行动的依据。

（3）适应性：设计未来的职业生涯目标，牵涉多种可变因素，因此设计应有弹性，以增加其适应性。

（4）持续性：人生的每个发展阶段应能连贯衔接。

职业生涯规划要求学生根据自身的兴趣、特点，将自己定位在一个最能发挥自己长处的位置，可以最大限度地实现自我价值。职业生涯规划实质上是追求最佳职业生涯的过程。一个人的事业究竟向哪个方向发展，他的一生要稳定从事哪种职业类型，扮演何种职业角色，都可以在此之前做出设想和规划。

四、职业生涯规划对个人和社会的意义

（一）以职业生涯目标增强生命前进的动力

学习自主性是指在没有外部力量约束和要求的情况下依然能够主动积极地学习，表现为个体一种强烈的求知欲、主动参与的精神及积极思考的行为。在这种情况下，学习的动力源于内在的需求，这种需求是自我价值实现和社会责任意识。做过职业生涯规划的人在工作和学习中就有了一个长远的目标，如果职业生涯规划做得比较好，往往会把长远目标分解成依次递进的子目标，生活中按照目标脚踏实地地向着长远目标前进。即使是在行进的过程中遭遇很多障

碍，但有明确目标的人，也会比没有目标的人更充满希望和信心，并以更积极的态度去面对。

（二）通过职业生涯规划实现个人价值最大化

自古以来人们经常问一个问题："人活着的意义到底是什么？"心理学中人本主义流派认为，人活着的最终目标就是实现自我价值。但是实现自我价值并非易事，这使得很多人苦于找不到生命的价值而迷茫颓废、碌碌一生。职业生涯规划可以帮助人们更好地明确存在的意义，协助人们在生命过程中突破自身障碍、开发潜能、提高人生的主观幸福感，直至最终实现自我价值。

（三）通过职业生涯规划帮助企业积累人力资本，满足发展需求

随着知识经济时代的到来，许多管理学家认为，企业不应仅仅关注服务和产品，更应该注重员工的智慧、技艺和能力的提高与全面开发。职业生涯规划可以帮助组织开发人才，提高员工对组织的归属感。留住人才是现代企业竞争力的关键所在。

五、影响职业生涯设计的因素

影响职业生涯设计的因素是多方面的，有个人素质、心理等主观因素，也有社会环境、机遇等客观因素，它们相互关联、相互影响、相互作用。因此，在进行职业生涯设计时，要仔细分析影响自己职业生涯的主客观因素。

（一）身心状况

职业生涯设计要考虑个人的身体和心理状况与职业要求是否适应的问题。身心健康对于职业选择来说特别重要，几乎所有的职业都需要健康的身心。不仅如此，职业适应也与身心状况有内在的关系。有的职业要求视力、身高、体重；有的职业要求反应敏捷；有的职业要求耐心、细心；有的职业与物打交道多，有的职业与人打交道多；有的职业需要不断创新，有的职业需要不断地重复按程序操作。

(二)性别

虽然男女平等的观念已普遍被现代社会接受，但"性别因素"仍然扮演着重要的角色。事实上，很少有人能完全漠视性别问题。男性与女性生理上的差别，在择业和适应职业上会形成自然差别，男性与女性在择业价值观上也会根据生理条件而形成差别。因此，由于性别不同，男女在职业生涯设计上也形成不同的特点。

(三)家庭负担

有些毕业生由于家庭负担过重，而不得不考虑现实利益，放弃了自己的理想职业期望，而从事较为现实的职业，但也有人待条件成熟后再选择理想的职业。

(四)社会环境

社会环境主要是指社会的政治、经济、人才市场的管理体制、文化习俗、职业的社会评价、组织对个人职业生涯设计的指导和政策措施等。社会环境因素决定了社会职业岗位的数量、结构、层次等，决定了人们对不同职业岗位的接受、赞誉或贬低的程度，决定了个人步入职业生涯的基本方式、开始职业生涯后的基本态度以及由此引起的个人职业生涯的变化。

(五)教育

教育是赋予一个人才能、塑造人格、促进个人发展的社会实践活动。获得不同教育程度的人，在个人职业选择或被选择时，具有不同的能量。另外，人们所接受教育的专业、学科门类对职业生涯起着重要作用。人们在选择职业、转换职业时往往与所学的专业有一定的联系，或以该专业的理论知识、技术能力为基础，流动到更高层次的职业岗位上。因此，职业教育的进展深受正规教育或专业培训的影响，教育程度是事业成功不可或缺的因素。教育是人们改变社会地位的主要手段。

(六)机遇

机遇是影响职业生涯的偶然因素，但是对个人的职业生涯而言，有时又具

有决定性的作用。机遇是随机出现的、具有偶然性的事物,它包括社会各种职业对一个人展示的随机性的岗位,或者说是一个人能够就业和流动的各种职业岗位,也包括能够给个人提供发展的职业境遇。机遇本身是客观存在的,但机遇只垂青那些有准备的人。个人的能动性会导致其寻求新的发展机会,或者自己创造机会。许多事业上成功的人,不是靠家庭、亲友的帮助,也不依赖社会给予的现成机会,而是靠自己的努力奋斗和开拓进取。

第二节　拟定职业目标

在确定职业和岗位后,就是目标抉择问题了。所谓目标抉择,就是明确自己想成为一个什么样的人,担任什么社会角色;在专业技术职务上,成为哪一领域、哪一个能级的专家;在业务素质上,达到什么水平;在学业上,达到什么学历;在知识面和专业上,成为什么样的复合型人才。所以,目标是决定人生事业能否成功的重要因素。那么如何确定人生目标?

一、认识目标的意义及作用

在职业生涯目标抉择中,我们面临的首要问题是认识问题。不少人不了解人生目标的意义与作用,认为制定目标只是一种形式,有没有目标照样可以工作和生活；有些人认为制定目标是很麻烦的事，不愿意费心思和精力，把一生的命运完全交给别人主宰，自己盲目服从。坐车乘船要有个目的地，盖楼建厦要有个蓝图，而人生百年这么重要的事情如果没有目标，就只能随波逐流地度过一生，从而遗憾终生。

一个人要获得事业的成功，须按照人生成功的规律来制定行动的目标和规划。也就是说，一个未来的成功者，必定是一个目标意识很强的人。所谓"目标意识"，就是头脑中始终有清楚的目标，就像是准确控制的追踪导弹一样，一直"咬"着目标不放，直到击中目标。当这个目标实现以后，他又会盯住另一个目标，直到事业成功。

据研究发现，凡是称得上"成功"的人，都有明确的奋斗目标。那些没有奋斗目标的人，都没有获得理想的成功。当然在有奋斗目标的人中也有没有成功的，不过他们都另有原因，有的是目标失当；有的是行动不够，半途而废；有的是失误或遇到某种意外；等等。由此可见，有了目标未必一定成功，但若想成功必须有明确的目标。

二、确定职业生涯目标的原则

（1）清晰性原则：考虑目标、措施是否清晰、明确，实现目标的步骤是否符合实际。

（2）挑战性原则：考虑目标或措施是否具有挑战性，还是仅保持其原来状况。

（3）一致性原则：考虑主要目标与分目标是否一致，目标与措施是否一致，个人目标与组织发展目标是否一致。

（4）激励性原则：考虑目标是否符合自己的性格、兴趣和特长，是否能对自己产生内在激励作用。

（5）实际原则：实现职业生涯目标的途径很多，在做规划时必须考虑自己的特质、社会环境、组织环境及其他相关因素，选择切实可行的途径。

（6）可评量原则：规划的设计应有明确的时间限制或标准，以便评量、检查，使自己随时掌握执行状况，并为规划的修正提供参考依据。

第十课 规划职业生涯与人生

三、目标抉择基本步骤

（1）自我分析，认识自我，了解自我，找出自己的特点。

（2）对内外环境进行分析，确定自己在内外环境中的位置。

（3）对于拟参加工作的人，可根据第一步、第二步的分析结果选择职业。

如何进行目标抉择

（4）确定职业生涯目标，把目标具体、详细地写出来。

（5）选择自己的职业生涯路线，通过哪一条路线实现自己的职业生涯目标。

（6）制订行动计划。按照目标的要求，制订出详细的行动计划、具体措施、起讫时间和考核指标。

四、职业生涯目标规划

职业生涯目标规划，应从一生的发展写起，然后分别制定出十年、五年、三年、一年计划，以及制订出一月、一周、一日的计划。计划制订好之后，再从一日、一周、一月计划实施下去，直至实现你的一年、三年、五年、十年目标。

（1）制订未来发展目标。你想做什么？想成为什么样的人？想做哪一件大事，想取得什么成就？想发挥自己哪方面的优势与特长？想成为哪一专业的佼佼者？把这些问题确定后，你的人生目标也就确定了。当然，目标应建立在自我分析与内外环境分析的基础上，否则目标就失去了意义。

（2）制订出今后十年大计。例如，今后十年，你希望自己成为什么样子？有什么样的事业？要过上什么样的生活？你的家庭与健康水平如何？你将获得什么样的社会地位？把它们仔细想清楚，一条一条地计划好，记录下来。

（3）制订出五年计划。制订出五年计划的目的，是将十年大计分阶段实施，并将计划进一步具体、细化，将目标进一步分解。

（4）制订出三年计划。俗话说，五年计划看头三年。因此，你的三年计划，要比五年计划更具体、更详细，因为计划是你的行动准则。

（5）制订明年计划。制订出明年计划，以及实现计划的步骤、方法与时间表。

137

计划要具体、切实可行。如果从现在开始制定目标，则应单独制订今年的计划。

（6）制订下月计划。下月计划应包括下月计划做的工作，应完成的任务、质和量方面的要求、财务上的收支，计划学习的新知识和有关信息，计划结识的新朋友等。

（7）制订下周计划。计划的内容与上述月计划相同。重点在于具体、详细，切实可行，而且每周末要提前做好下周的计划。

（8）制订明日计划。明日计划要做哪几件事？哪几件事是最重要的、非做不可的，把它们挑选出来，取最重要的三件至五件事，按事情轻重缓急的先后顺序排好队，明日按计划去做。按照事情的轻重缓急去做事，可以避免"捡了芝麻，丢了西瓜"，这对一个人提高办事效率是大有好处的。

五、职业生涯路线选择

在确定岗位和目标后，如何从现在的岗位出发到达目的地，实现自己的职业生涯目标，有一个路线选择问题。发展路线不同，对职业发展的要求也不同。因此，在职业生涯规划中，需做出选择，以便使自己的学习、工作及各种行动措施沿着自己的职业生涯路线或预定的方向前进。

当然，人生的发展并非沿着一条路线发展，也可以先沿着一条路线走，发展一个时期后，再转入另一条路线。当然，路线的转移应是实现目标所需要的。例如，先沿着专业技术路线发展，然后转入行政路线等。

职业生涯路线的选择应考虑以下三个问题。

（1）我想往哪一条路线发展？

（2）我能往哪一条路线发展？

（3）我可以往哪一条路线发展？

第一个问题，是通过对自己的兴趣、价值观念、理想、成就动机等因素的分析，确定自己的目标取向，即自己志向是在哪一方面，自己非常希望走哪一条路线。

第二个问题，是通过对自己的性格、特长、智能、技能、情商、学识、经历等因素的分析，确定自己的能力取向，即自己能向哪一条路线发展。也就是说，自己走这一条路线，是否具有这方面的特长，是否具有这方面的优势。

第三个问题，是对当前及未来的组织环境、社会环境、经济环境的分析，确定自己的机会取向，即内外环境是否允许自己走这一条路线，是否有发展的机会。

对上述三个问题进行综合分析，确定自己的职业生涯路线。

六、制订行动计划与措施

在确定了职业生涯目标后，行动便成了关键的环节。没有达成目标的行动，就不能达成目标，更谈不上事业的成功。这里所说的行动，是指落实目标的具体措施，包括学习、工作、训练、教育等方面的措施。例如，为达成目标，计划采取什么措施提高自己的效率？计划如何提高自己的能力？在潜能开发方面，采取什么措施开发自己的潜能？这些都要有具体的计划与明确的措施，同时要明确每项计划的起讫时间和考核目标，并且这些考核目标要特别具体，以便定时检查。

七、评估、反馈与调整

俗话说："计划赶不上变化。"影响职业生涯规划的因素诸多，有的变化因素是可以预测的，而有的变化因素难以预测。在此状况下，要使职业生涯规划行之有效，就须不断对职业生涯规划进行评估与修订。修订的内容包括：职业的重新选择；岗位的适当调整；人生目标的修正；职业生涯路线的选择；实施措施与计划的变更；等等。

第三节 培养终身学习理念

一、终身学习的定义及特征

（一）终身学习的定义

终身学习在很大程度上是终身教育和学习化社会两者相结合的产物。关于终身学习的定义，不同的学者和组织对其解释也不尽相同。1994年11月在意大利罗马举行的首届世界终身学习会议采纳的终身学习定义为："终身学习是21世纪的生存概念。""终身学习是通过一个不断的支持过程来发挥人类的潜能，它激励并使人们有权力去获得他们终身所需要的全部知识、价值、技能与理解，并在任何任务、情况和环境中有信心、有创造性和愉快地应用它们。"

（二）终身学习的特征

从众多的理解和定义中可以归纳出终身学习具有下列特征。

（1）连续性。终身学习贯穿人的整个一生，从生命开始到生命结束，包括人的发展的各个阶段和各个方面。

（2）多元整合性。终身学习不仅是纵向地贯穿人的一生，而且是横向地贯穿学习的各个层面、各个空间，是学校学习、家庭学习、社会学习及其他场合学习的统一，是立体的、多元的整合。

（3）目的性。终身学习强调个体在终身学习过程中的作用，即有需求、有意识的学习更有价值，是个体有意安排的。

（4）公平性。学习不再是部分人的特权，而成为人们普遍的权利。无论是政府还是社会都应保障这一基本权利的实施。

（5）开放性。终身学习强调除学校以外的非正规情境中学习的重要性。不仅拓展了学习内容的范畴与时空范畴，同时强调终身教育与终身学习的整合。

（6）主体性。终身学习强调个体有意识的学习活动，强调学习者自主学习。它是学习者根据自己的需要选择学习的时间、地点和方式，以学习者为中心，以学习者的需求为导向。

二、终身学习能力的定义及构成要素

（一）终身学习能力的定义

从心理学角度分析，能力是调用知识、运用智力、借用技能，顺利完成某种实践活动的个性心理特征。终身学习能力是在学习活动中形成和发展起来的，直接影响终身学习活动效率，使终身学习活动得以顺利完成的个性心理特征。从终身学习的角度分析，终身学习能力是指今后社会所需求的素质和能力，即在激烈变化的社会中的"生存能力"。

（二）终身学习能力的构成要素

从学校教育的观点分析，终身学习能力的构成要素包括如下几方面。

（1）自学能力。自学能力是指独立获取新知识，不断调整自己知识结构的能力，是个体获得成功的最基本的一种能力。

（2）适应能力。适应能力是指人随外界环境和时代变迁而改变自己的行为方式、生活方式、交往范围、思维习惯、思想认识和价值观念的能力。

（3）分析和解决问题的能力。分析和解决问题的能力就是对客观世间间接的、概括的反应能力。

（4）利用现代化学习工具的能力。利用现代化学习工具的能力是指个体运用现代化学习工具对信息进行搜集、加工、存储、处理、传递、应用的能力。

（5）组织管理能力。组织管理能力主要是一种社会活动能力。它包括计划、决策、协调、合作、交往等多种能力。

（6）实际操作能力。实际操作能力是指完成学习活动、专业训练和生产实践中各种智力的、技巧的具体运作能力，它是现代人才不可或缺的一种能力。

现代科学上许多重大突破都得益于高超的实验技术。现代社会的发展需要手脑并用、体智结合的人才。

（7）表达能力。表达能力是借助各种形式，如语言、文字、图表、数理符号等交流信息、表达思想感情的本领，它包括语言表达能力、写作能力、图表表达能力和数据表达能力等。

（8）创造能力。创造能力是指善于独立思考，敢于提出新问题、设想新方案、做出新创造的能力。它是智力效能的最高表现，是认识能力与实践能力的高度结合。

三、培养学生终身学习能力应遵循的一般原则

（一）适应性原则

终身学习能力的培养目标必须适应社会、经济、学科和人的个性发展的需要。评价一个人的价值，主要是以他对社会贡献的大小来衡量的。要使学生能够对社会做出较大的贡献，就必须根据社会的需要来确立终身学习能力的培养目标，把学生培养成为有用之才。如果不考虑社会发展的需要，就可能使学生的学习与社会需要之间产生较大的差距，脱离时代发展的潮流，从而难以适应社会。因此，学校教育应坚持适应性原则，善于把社会需要与学生的个性发展结合起来，帮助学生树立正确的终身学习态度。

（二）前瞻性原则

教育工作者要对社会发展的趋势有一个基本正确的预测和判断，使其培养出来的学生具有前瞻性和超前性。在信息社会，知识的发展、社会的变化都是以加速度的方式发生的。如果培养出来的学生只看到眼前的一些问题、工作岗位、就业门路等，这样当学生毕业时，尽管自己的学习目标按计划圆满地实现了，但时过境迁，社会需要已经发生了巨大的变化，就不能很好地适应社会的需要。因此，在培养学生的终身学习能力时，应有长远的眼光，使培养出来的学生具有前瞻性。

（三）超越性原则

一个人只有意识到自己的不足，并且决心克服这些缺点，才可能产生学习的欲望和动力。如果认为自己现在的情况非常完美，当然也就觉得没有继续学习的必要，也就不可能有终身学习的能力。事实上，任何人都不可能是完美无缺的，特别是在科技、社会、经济和人类都处于高速发展的今天更是如此。

（四）方法性原则

常言道："授人以鱼，仅供一饭之需；授人以渔，则终身受用无穷。"教师在教学中，不仅要成功地将自己的知识、技能、品德等转化为学生全面发展的组成部分，而且要成功地做到由教向学的过渡，帮助学生学会学习，科学地培养学生的学习方法，使学生真正成为学习的主人，拥有一种"自充电"系统，使教学最终达到"不教之境"。

（五）全面发展性原则

在学生终身学习能力的培养过程中，要遵循学生全面发展的原则。学生知识的掌握不是教学的最终目的。要根据社会需要，以塑造学生完美的人格为出发点，教师做到教书育人并重，学生做到获取能力与人格塑造同轨。

总之，出生即为教育之始。因此，在学前教育阶段，应尽可能多地为个体的身心发展提供有利的条件，培养其心理上的独立性，促使其逐渐社会化，并发展其基本的语言技能；基础教育是所有儿童和青少年都必须接受的多方面的教育，在此期间不应强调传授各个领域的专门知识，而应培养学生的学习兴趣和学习能力，形成其可教性，即形成个体进行终身学习应有的基本素质，这不仅是保证个体终身学习的基础条件，也是保证终身教育得以实施的个体因素；中等教育应该在使受教育者为职业生活做准备的同时，重视个体人格的发展和完善，并为个体继续学习深造创造条件和奠定基础；高等教育应该通过不同途径以各种形式为不同阶段的人们所享受。学校在进行教育时，要着眼于未来，培养学生终身学习能力，以适应每个人暂时的或永久的学习需要。

主题活动

"未来之路"主题班会

活动目标

1. 知道该如何制定合理的职业生涯目标。
2. 制定适合自己的职业生涯目标。
3. 盘点自身状况，意识到达到自己的职业生涯目标所要具备的要素，并且为之努力。

活动导入

主持人：同学们，对于未来的职业，你有什么想法吗？这里有四个签，小组长来抽，抽到后带领小组准备一分钟，用一个标志性的身体姿势来指代你所抽到的职业。每组来一个职业亮相，一组表演时另外三组猜一猜，看看哪一组对于职业形象的表达最生动、最有意思。

（四个签分别是教师、护士、设计师、厨师）

主持人：小时候我们对于职业的认识，可能仅仅就是这样一个刻板的印象。那么现在，经过学习，我们已经积累了一定的专业知识，你有没有想过，未来的自己将从事怎样的职业？

活动环节

一、小组盘点

（一）我的职业生涯目标树

主持人：刚刚同学们在邀请函上设立的，就是一个长期的职业生涯目标。那么，这个目标的设立合理吗？在设立目标时，我们要考虑什么呢？

采访学生。根据学生的答案，分别拿出"土壤""树干""太阳""发展""树冠"等拼成一棵大树，然后总结。

设立职业生涯目标时，要做到以下几点。

（1）择己所爱：选择自己喜欢的职业。

（2）择己所长：选择自己擅长的职业。

（3）择时所需：选择时代和社会所需要的职业。

（4）择己所利：选择对自己未来发展有利的职业。

分别将相应的展板贴在黑板上。

（二）教师引导

主持人：经过探讨和讲解，你能对自己的职业生涯目标进行一个盘点了吗？请同学们先将自己的职业生涯目标写在树冠上，如果觉得刚刚设立得不合理，可以将修正后的目标写在树冠上，然后针对目标进行盘点：自己已经拥有了哪些职业兴趣，掌握了哪些职业能力，知道哪些职业发展的有利环境，了解自己的未来发展前景如何。

（三）展示并盘点

请一位同学到讲台上，用马克笔在展板上进行盘点。

（四）分享、补充

请该同学进行分享，其他同学加以补充。

二、小组讨论

主持人：其实我们可以看到，很多同学所选择的职业并不是自己所学的专业。也有很多同学在迷茫：我想象不出未来的样子，那我现在要做什么呢？同学们可以探讨这个问题，并派代表回答。

三、冥想

主持人：邀请函中的同学们意气风发，拥有了自己理想的职业和理想的生活；盘点表中的同学们却还存在一些差距。面对差距，我们应该有所行动。那么，在现实生活中，你行动了吗？

主持人发布指令，请同学们进行冥想。

冥想指导语：

请大家以最舒适的方式坐好，我们的时空之旅马上就要开始了。闭上眼睛，请不要发出任何声音。深呼吸，深深地吸气，慢慢地吐气。呼吸之间，我们来到了今天早晨。清晨，你从温暖的被窝中醒来，睁开眼睛，你的第一个念头是什么？走进教室，你的心情怎样？翻开书本，老师开始讲课了，你的状态怎

样？下课铃响了，你最想做什么？你最讨厌的课开始了，你是怎么做的？放学了，你的课外时间是怎么来安排的？躺回松软的被窝，你的心情怎么样？你对今天的自己满意吗？明天，你会怎样来安排呢？当我数到1的时候，请你慢慢醒过来吧。10—9—8—7—6—5—4—3—2—1，请睁开眼睛。

四、交流感想

主持人：冥想中的你是怎么样的？你为职业生涯目标付出了哪些努力？

给学生两分钟时间准备，然后请学生上台，对着自己的座位说一说自己的所思所想。

五、结束

结束今天的课堂。

活动小结

本次主题班会使同学们感受了美好的未来，也盘点了需要努力的现在，更对自己每天是否努力做了判断和思考。我们只有不断地浇灌我们的目标之树，它才能不断成长，直至成材。

活动体会

_____

_____

_____

_____

_____

_____

参考文献

[1] 高乐,刘玉龙,郭秀琴.心灵护航[M].北京:新华出版社,2019.

[2] 高汝伟,殷有敢.师范生乡村情怀培养研究[M].南京:南京大学出版社,2020.

[3] 肖长和,姜涛,赵俊峰.中职生入学教育[M].北京:中国人民大学出版社,2021.

[4] 鲁文英.新媒体时代思政教育互动式教学实践探索[M].哈尔滨:黑龙江人民出版社,2019.

[5] 潘传辉.新媒体时代思政教育创新探索[M].哈尔滨:黑龙江人民出版社,2019.

[6] 王帆.推动实践与创新创业能力培养[M].昆明:云南大学出版社,2020.

[7] 王雪梅,许志强,郝雯婧,等.智媒时代传媒人才"双创"教育多维融合路径研究[M].重庆:重庆大学出版社,2021.

[8] 王正青.共和国教育学70年:比较教育学卷[M].北京:北京师范大学出版社,2019.

[9] 中国老年学和老年医学学会.新时代积极应对人口老龄化研究文集[M].北京:华龄出版社,2019.

[10] 赵振,张伟东.中职生入学教育[M].成都:电子科技大学出版社,2021.

[11] 宗占红.社会支持视角下农村老年人健康研究[M].南京:南京大学出版社,2020.